만화로 배우는
경매강의노트

만화로 배우는 경매강의노트

초판 1쇄 · 2021년 4월 12일

지은이 · 정기수
그 림 · 안 주
제 작 · ㈜봄봄미디어
펴낸곳 · 봄봄스토리
등 록 · 2015년 9월 17일(No. 2015-000297호)
전 화 · 070-7740-2001
이메일 · bombomstory@daum.net

ISBN 979-11-89090-44-9(03320)
값 35,000원

만화로 배우는
경매강의노트

정기수 지음 | 안 주 그림

봄봄
스토리

CONTENTS

01 경매의 기초
　가. 임의경매와 강제경매 ⋯⋯⋯⋯⋯⋯⋯⋯⋯⋯⋯⋯⋯⋯ 14
　나. 최초법사가격과 감정가 ⋯⋯⋯⋯⋯⋯⋯⋯⋯⋯⋯⋯ 24
　다. 기간입찰과 기일입찰, 호가경매 ⋯⋯⋯⋯⋯⋯⋯ 27
　라. 경매개시결정(경매개시일) ⋯⋯⋯⋯⋯⋯⋯⋯⋯⋯ 29
　마. 일괄매각과 개별매각 ⋯⋯⋯⋯⋯⋯⋯⋯⋯⋯⋯⋯ 31
　바. 중복경매 ⋯⋯⋯⋯⋯⋯⋯⋯⋯⋯⋯⋯⋯⋯⋯⋯⋯⋯ 39
　사. 새매각과 재매각(신경매와 재경매) ⋯⋯⋯⋯⋯ 43
　아. 말소기준등기(=소멸기준등기) ⋯⋯⋯⋯⋯⋯⋯⋯ 45
　자. 배당요구종기일 ⋯⋯⋯⋯⋯⋯⋯⋯⋯⋯⋯⋯⋯⋯⋯ 49
　차. 배당요구종기일까지 배낭 신청 ⋯⋯⋯⋯⋯⋯⋯ 52
　카. 중복경매와 관련한 배당요구종기일 ⋯⋯⋯⋯⋯ 55

02 경매와 관련한 유용한 인터넷 Site
　가. 정부24(www.gov.kr) ⋯⋯⋯⋯⋯⋯⋯⋯⋯⋯⋯⋯ 59
　나. 토지이용규제정보서비스 ⋯⋯⋯⋯⋯⋯⋯⋯⋯⋯ 60

다. 대한민국 법원경매정보 ··· 63
라. 법원 나의 사건 검색 ··· 73
마. 부동산 시세 검색 ·· 81
바. 국가법령정보센터 ·· 88
사. 각종 위성지도 활용방법 ··· 90
아. 정부/지자체 포털 이용방법 ··· 97
자. 세움터 ··· 104
차. 임업정보 다드림 ·· 107

03 경매와 공매의 차이점 ··· 115

04 법정매각조건과 특별매각조건 ·· 119

05 채권상계신청 ··· 125

06 경락잔금대출 ··· 129

07 인도명령과 명도소송 ·· 133

08	농지취득자격증명	143
09	대위변제	153
10	차순위매수신고	157
11	주택 및 상가건물 임대차보호법	163
12	체납공과금의 낙찰자 부담	203
13	대금납부 전 매매	209
14	감정평가서 보는 방법	213
15	환매등기	223
16	잉여가망 없는 경매	227
17	혼동과 소멸	231
18	인수권리가 많은 물건	239
19	특수물건의 경매참여	243

20	유치권	247
21	가등기	251
22	가처분	257
23	가압류	263
24	완공되지 않은 건물의 경매	267
25	부동산의 공적장부가 일치하지 않을 때의 효력	271
26	2025, 2030이 무엇을 뜻하는시?	275
27	공유지분경매	279
28	대지권미등기와 토지별도등기	283
29	NPL로 매입하여 경매 참여	291
30	법정지상권	295
31	배낭절차	299

지은이의 말

　코로나19로 인한 전세계적인 어려움 속에서도 계절은 변함없이 이어져 오고 있습니다. 이름있는 꽃들과 이름없는 풀들이 우리 주변의 색상에 푸르름을 더해가고 있습니다. 이제 필자는 《만화로 배우는 경매강의노트》를 주변의 푸르름에 던져 놓으려고 합니다. 필자는 오랜기간 동안 경매와 관련한 강의와 집필을 해오고 있는데, 이 책은 직접 경매강의 현장에서 가르친 내용을 정리한 것입니다.

　이 책의 구성은 일반적인 경매책자와는 많은 부분에 있어서 차이가 납니다. 필자는 이 책자에 앞서 맹지, 법정지상권, 공유지분경매, 부동산등기, 유치권, NPL 등의 책자를 만화로 출판하였습니다. 그런 관계로 이 책자에서는 이와 관련된 내용을 거의 모든 부분 생략하였습니다. 그러므로 독자 여러분들은 이 책자를 공부하면서 이에 해당되는 부분은 위에서 언급한 책자와 함께 보시기를 권해 드립니다.

　필자는 경매강의를 진행하면서 많은 사람들과 대화를 나누고, 또한 많은 질문을 받고 있습니다. 이 책자는 이런 많은 대화와 질문을 바탕으로 학원생

(독자)들에게 어떤 부분을 강의하고 알려드려야 할 것인지에서 출발하였습니다. 그 결과 이 책자에는 일반적인 경매책자와는 다른 많은 부분이 있습니다. 본문 중에 있는 『경매와 관련한 유용한 인터넷 Site』 등이 대표적입니다. 이는 경매와는 별로 관계가 없는 것처럼 느낄 수 있으나, 실제 경매현장에서는 반드시 필요한 내용이며 어쩌면 경매지식 보다도 더 실용적인 내용일 수가 있습니다.

현재 필자는 매주 화, 목요일 오후 7시부터 9시까지 경매강의를 진행하고 있습니다. 학원에 나와서 듣는 대면강의와 원거리에 계시는 분들을 위한 줌(Zoom)을 통한 비대면강의를 진행하고 있습니다. 또한 『오케이경매』란 유튜브 채널을 통하여 많은 분들을 만나며 질문을 받고 있습니다. 이를 근거로 필자는 학원생(독자)들이 어떤 부분을 필요로 하며, 어떤 부분을 가르쳐야 하는지를 파악하고 있습니다. 필자가 오랜시간 동안 강의를 하고 있지만 처음으로 받는 질문들이 있습니다. 전혀 생각하지 못했던 부분을 질문하면 필자는 그에 대한 답변을 드리곤 합니다. 이때 필수불가결한 근거가 되는 자료가 대법원 판례와 법규정입니다.

필자는 오래 전에 《부동산경매 대법원판례집》을 출판한 바 있습니다. 이 책자는 경매와 관련된 대법원 판례 중에서 부동산경매와 관련된 내용을 집필한 책자입니다. 요즘은 각종 매체나 유튜브 등에서 경매와 관련된 내용을 알려주는 곳이 많습니다. 그런 관계로 많은 분들이 오해를 하고 계시는 내용들이 있습니다. 즉, 그곳에서 말하는 내용들이 전부 진실인 것으로 알고 계시는 독자들이 있다는 말씀입니다. 그러나 필자는 이런 내용들을 대할 경우 독자들이 판단하는 방법을 누차에 걸쳐 말씀드렸습니다. 즉, 그런 내용이나 동영상 강의에 법규정이나 판례가 포함되어 있으면 일단 믿을 수 있다고 말합니다. 하지만 경매시장에는 이런 법규정이나 판례를 모르면서 오로지 자신들이 오랜기간 해온 방식을 말씀하는 경우도 많습니다. 만약 여러분들이 잘못된 지식을 믿고 경매에 참여 한다면 엄청난 피해를 입을 수가 있습니다.

특히 경매를 하는 분들은 공법(公法)에 대한 지식이 부족한 것이 현실입니다. 왜냐하면 경매를 주도하는 법규정이 민법이나 민사집행법 같이 사법(私法)의 영역에 속하기 때문입니다. 그러나 독자들이 경락 받은 부동산을 이용하는데 있어서는 사법의 영역보다는 공법의 영역이 더 많이 필요할 수가 있습니다. 사법과는 달리 공법은 독자들이 이해하기가 조금 더 어려운 것이 사실입니다. 이런 관계로 필자는 독자 여러분들이 조금이라도 더 편리하게 공법을 이해하는데 도움을 주고자 맹지 등의 책자를 집필하였습니다. 공법은 수 많은 법규정들이 있지만 독자들이 반드시 알아야 할 법규정 등은 그렇게 많은 부분이 아닙니다. 그러므로 필자가 위의 책자에서 말씀드린 내용만 알고 있다면 큰 어려움은 없을 것으로 생각됩니다.

　필자는 이 책자들을 통하여 경매를 처음 접하는 독자나, 기존에 공부를 해 왔던 독자들이 경매 뿐만 아니라 경매 외적인 부분을 파악하는데 도움이 되었으면 하는 소망을 가져 봅니다.

2021년 푸르른 날에

정 기 수

01

경매의 기초

임의경매와 강제경매

자! 먼저 임의경매와 강제경매에 대하여 알아보기로 하죠.

처음으로 접하는 분야라 용어가 어려운 거 같아요…

물론 그럴 수도 있지만 경매에서 사용하는 용어는 그렇게 많지는 않습니다.

교수님은 그렇게 말씀하시지만…

처음으로 이런 용어를 접하니 어려울 수 있습니다. 그러나 최대한 쉽게 설명을 하겠습니다.

감사합니다.

먼저 임의경매와 강제경매는 아파트 담보대출과 신용카드 사용만 기억하면 됩니다.

엥…?

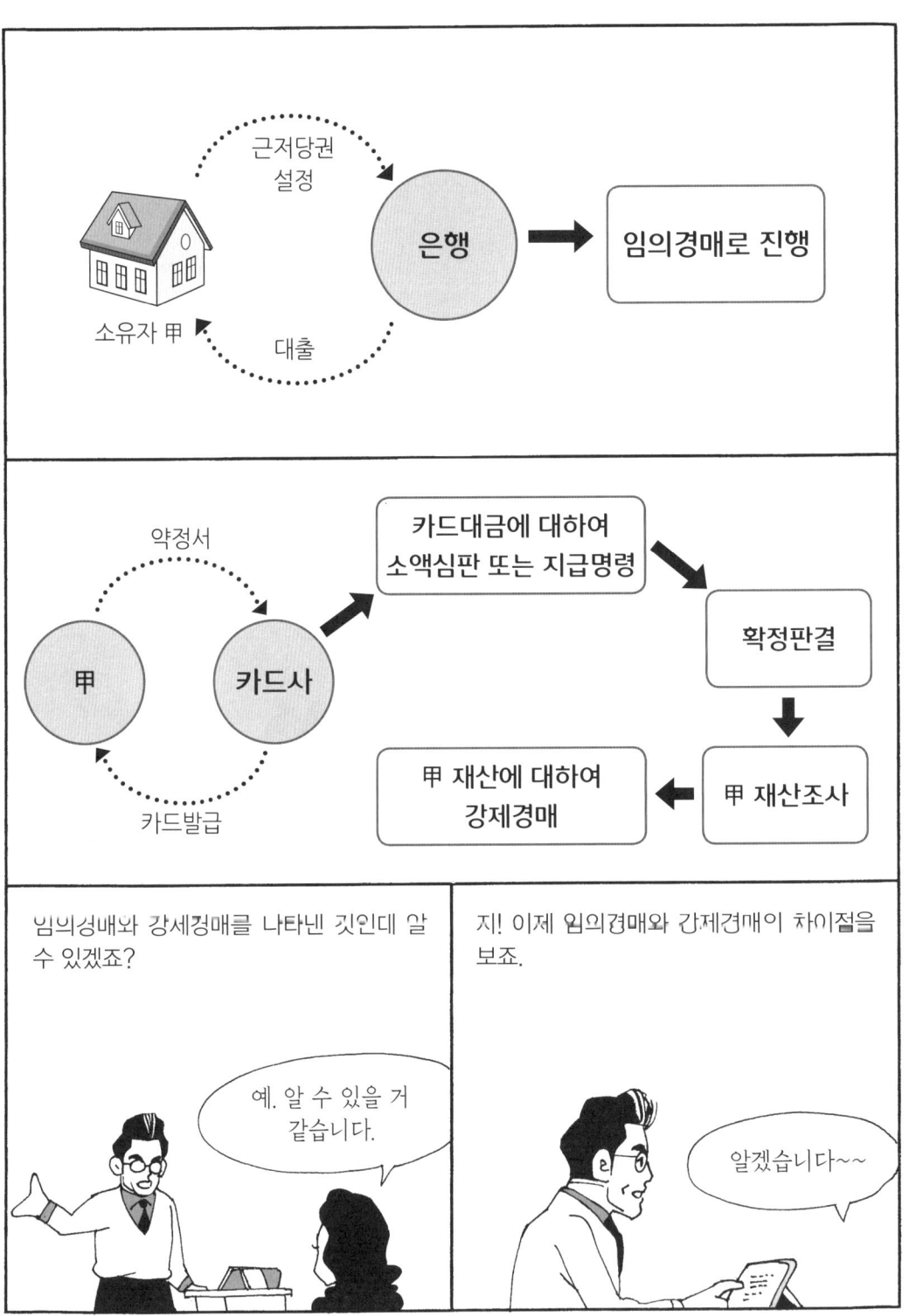

임의경매와 강제경매의 차이점

구 분	강제경매	임의경매
집행권원	필요	불필요
공신적 효과	공신적 효과 있음	공신적 효과 없음
실체상의 흠이 미치는 영향	집행채권의 부존재·소멸·변제기의 연기 등은 청구이의의 소로써만 주장가능	담보권의 부존재·소멸, 피담보채권의 불발생·소멸·변제기의 연기 등의 실체상의 흠으로 경매개시결정에 대한 이의 및 매각허가에 대한 이의 및 매각허가에 대한 항고 가능
송달에 의한 특례	불인정	인정(부동산등기사항증명서에 기재된 주소 및 주민등록표에 기재된 주소로 발송함으로써 송달이나 통지가 이루어진 것으로 본다)

자! 이때 乙이 甲으로부터 소유권을 거짓으로 이전을 했고, 이에 근저당을 설정한 다음, 이로 인해 경매가 개시되고 경락을 받았다면… 그럼 정당하게 법원에서 경락을 받아 소유권을 이전한 丙은 어떻게 되나요?	잘못된 소유권이전과 이로 인한 경매로 소유권을 취득한 丙은 전혀 보호를 받지 못합니다. 헐~ 丙은 아무런 잘못이 없는데…
그렇습니다. 丙은 아무런 잘못도 없지만, 잘못된 소유권이전과 그로인한 근저당권 설정과 경매로 인하여 피해를 본 것입니다. 정말 억울하겠네요~~	그래서 국가가 개입하지 않은 근저당권 설정에 의한 임의경매는 공신적효과가 없다는 겁니다. 그럼 강제경매는 공신적효과가 있다고 했는데…
자! 강제경매는 뭐에 의해서 경매를 진행한다고 했죠? 집행권원, 즉 판결문이요~~	판결문은 개인이 주나요 국가기관이 주나요? 당연 국가기관이죠!

최초법사가격과 감정가

자! 경매를 처음 접하는 분들은 용어에서 어려움을 겪는데…

정말 그래요. 저도 그랬습니다~~

그래서 최대한 용어를 쉽게 쉽게 설명하겠습니다.

감사합니다~~

먼저 채권자가 경매를 신청하면 법원에서는 두가지 일을 합니다.

법원에서 맨 처음 하는 두가지 일…?

그렇습니다. 등기촉탁과 감정평가의뢰를 하죠.

등기촉탁이라 함은?

법률의 규정에 의해서 법원 및 관공서가 개인을 대신하여 등기소에 신청하는 것을 등기촉탁이라 합니다.

그렇습니다. 이렇게 등기촉탁을 하면 등기부에 "강제경매개시결정" 또는 "임의경매개시결정"이라고 기재가 됩니다.

6	임의경매개시결정	2018년10월30일 제176411호	2018년10월30일 수원지방법원의 임의경매개시결정(2018타경23765)	채권자　송림중앙신용협동조합 　　　　인천 동구 송림로 108 (송림동)

4	2번최■■지분강제경매개시결정	2020년2월10일 제12797호	2020년2월10일 수원지방법원 성남지원의 강제경매개시결정(2020타경522)	채권자　박■■　790707-******* 　　　　경기도 광주시 초월읍 도곡길22번길 4-12, 402호 (쌍동주택)

자! 등기촉탁과 동시에 감정평가의뢰를 하는데…

그렇습니다. 그러면 감정평가사는 현장을 직접 방문하고 감정평가를 합니다.

기간입찰과 기일입찰, 호가경매

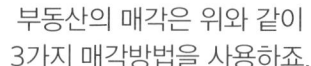

부동산의 매각은 위와 같이 3가지 매각방법을 사용하죠.

경매법원에서는 호가경매는 하지 않는 거 같던데요…?

호가경매는 현재 동산에 대한 강제경매에서만 합니다.

그렇군요…

자! 기일입찰은 여러분이 잘 알고 있는 것 같이 몇월 몇일 몇시에 경매법원에 모여서 하는 경매를 말합니다.

그럼 기간입찰은…?

기간입찰은 공매를 생각하면 쉬울 것 같은데요…

온비드에서 하는 공매요?

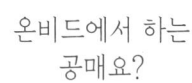

경매개시결정(경매개시일)

경매개시결정은 경매에서 아주 중요합니다.

왜요?

경매개시결정은 앞에서 본 것을 한번 다시 보기로 하죠.

알겠습니다.

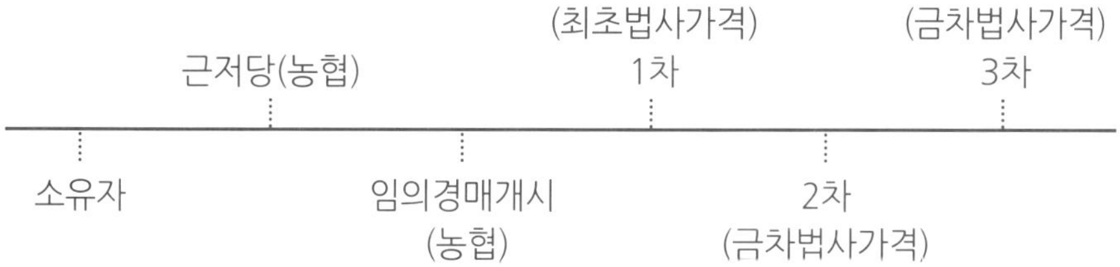

```
                          (최초법사가격)      (금차법사가격)
         근저당(농협)         1차              3차
    ─────────┼──────────────┼──────────────┼─────
      소유자           임의경매개시         2차
                        (농협)          (금차법사가격)
```

| 6 | 임의경매개시결정 | 2018년 10월 30일
제176411호 | 2018년 10월 30일
수원지방법원의
임의경매개시결
정(2018타경237
65) | 채권자　송림중앙신용협동조합
　　　　인천 동구 송림로 108 (송림동) |

❶ 경매의 기초

일괄매각과 개별매각

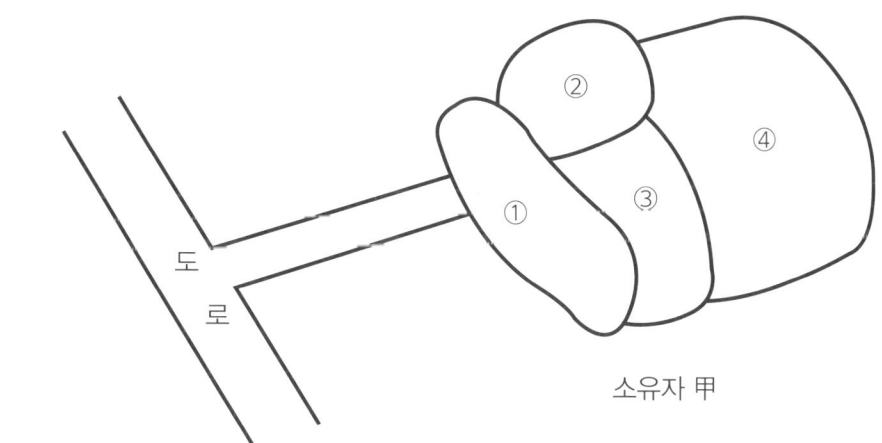

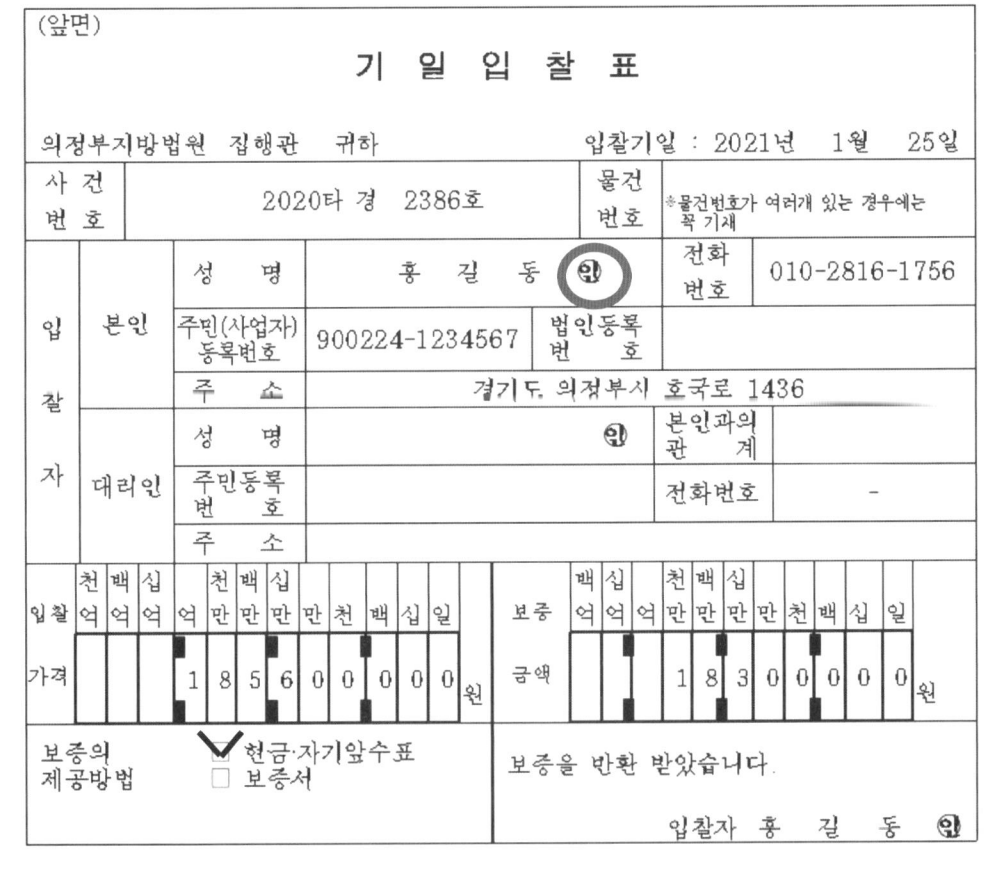

No	흠결사항	처리기준
1	입찰기일을 적지 아니하거나 잘못 적은 경우	입찰봉투의 기재에 의하여 그 매각기일의 것임을 특정할 수 있으면 개찰에 포함시킨다.
2	사건번호를 적지 아니한 경우	입찰봉투, 매수신청보증봉투, 위임장 등 첨부서류의 기재에 의하여 사건번호를 특정할 수 있으면 개찰에 포함시킨다.
3	매각물건이 여러 개인데, 물건번호를 적지 아니한 경우	개찰에서 제외한다. 다만, 물건의 지번·건물의 호수 등을 적거나 입찰봉투에 기재가 있어 매수신청 목적물을 특정할 수 있으면 개찰에 포함시킨다.
4	입찰자 본인 또는 대리인의 이름을 적지 아니한 경우	개찰에서 제외한다. 다만 고무인·인장 등이 선명하여 용이하게 판독할 수 있거나, 대리인의 이름만 기재되어 있으나 위임장·인감증명서에 본인의 기재가 있는 경우에는 개찰에 포함시킨다.
5	입찰자 본인과 대리인의 주소·이름이 함께 적혀 있지만(이름 아래 날인이 있는 경우 포함) 위임장이 붙어 있지 아니한 경우	개찰에서 제외한다.
6	입찰자 본인의 주소·이름이 적혀 있고 위임장이 붙어 있지만, 대리인의 주소·이름이 적혀 있지 않은 경우	개찰에서 제외한다.
7	위임장이 붙어 있고 대리인의 주소·이름이 적혀 있으나 입찰자 본인의 주소·이름이 적혀 있지 아니한 경우	개찰에서 제외한다.
8	한 사건에서 동일인이 본인인 동시에 다른 사람의 대리인이거나, 동일인이 2인 이상의 대리인을 겸하는 경우	쌍방의 입찰을 개찰에서 제외한다.
9	입찰자 본인 또는 대리인의 주소나 이름이 위임장 기재와 다른 경우	이름이 다른 경우에는 개찰에서 제외한다. 다만, 이름이 같고 주소만 다른 경우에는 개찰에 포함시킨다.

No	흠결사항	처리기준
10	입찰자가 법인인 경우 대표자의 이름을 적지 아니한 경우(날인만 있는 경우도 포함)	개찰에서 제외한다. 다만, 법인등기사항증명서로 그 자리에서 자격을 확인할 수 있거나, 고무인·인장 등이 선명하며 용이하게 판독할 수 있는 경우에는 개찰에 포함시킨다.
11	입찰자 본인 또는 대리인의 이름다음에 날인이 없는 경우	개찰에 포함시킨다.
12	입찰가격의 기재를 정정한 경우	정정인 날인 여부를 불문하고, 개찰에서 제외한다.
13	입찰가격의 기재가 불명확한 경우 (예, 5와 8, 7과 9, 0과 6등)	개찰에서 제외한다.
14	보증금액의 기재가 없거나 그 기재된 보증금액이 매수 신청보증과 다른 경우	매수신청보증봉투 또는 보증서에 의해 정하여진 매수신청보증 이상의 보증제공이 확인되는 경우에는 개찰에 포함시킨다.
15	보증금액을 정정하고 정정인이 없는 경우	
16	하나의 물건에 대하여 같은 사람이 여러 장의 입찰표 또는 입찰봉투를 제출한 경우	입찰표 모두를 개찰에서 제외한다.
17	보증의 제공 방법에 관한 기재가 없거나 기간 입찰표를 작성·제출한 경우	개찰에 포함시킨다.
18	위임장은 붙어 있으나 위임장이 사문서로서 인감증명서가 붙어 있지 아니한 경우, 위임장과 인감증명서의 인영이 틀린 경우	개찰에서 제외한다.

중복경매

자! 이제 중복경매에 대하여 알아보겠습니다. "중복해서 경매가 진행된다는 말씀 같은데…"	맞는 말이긴한데 조금 자세히 알아보겠습니다. "예. 알겠습니다."
부동산에 대하여 대출을 받을 경우 반드시 하나의 은행에서 한번만 받는 것은 아닙니다. "당연히 그렇겠죠."	하나의 물건에 근저당권이 여러 개가 있을 수 있습니다. "도롯가에 부동산 추가대출 안내문도 많아요."

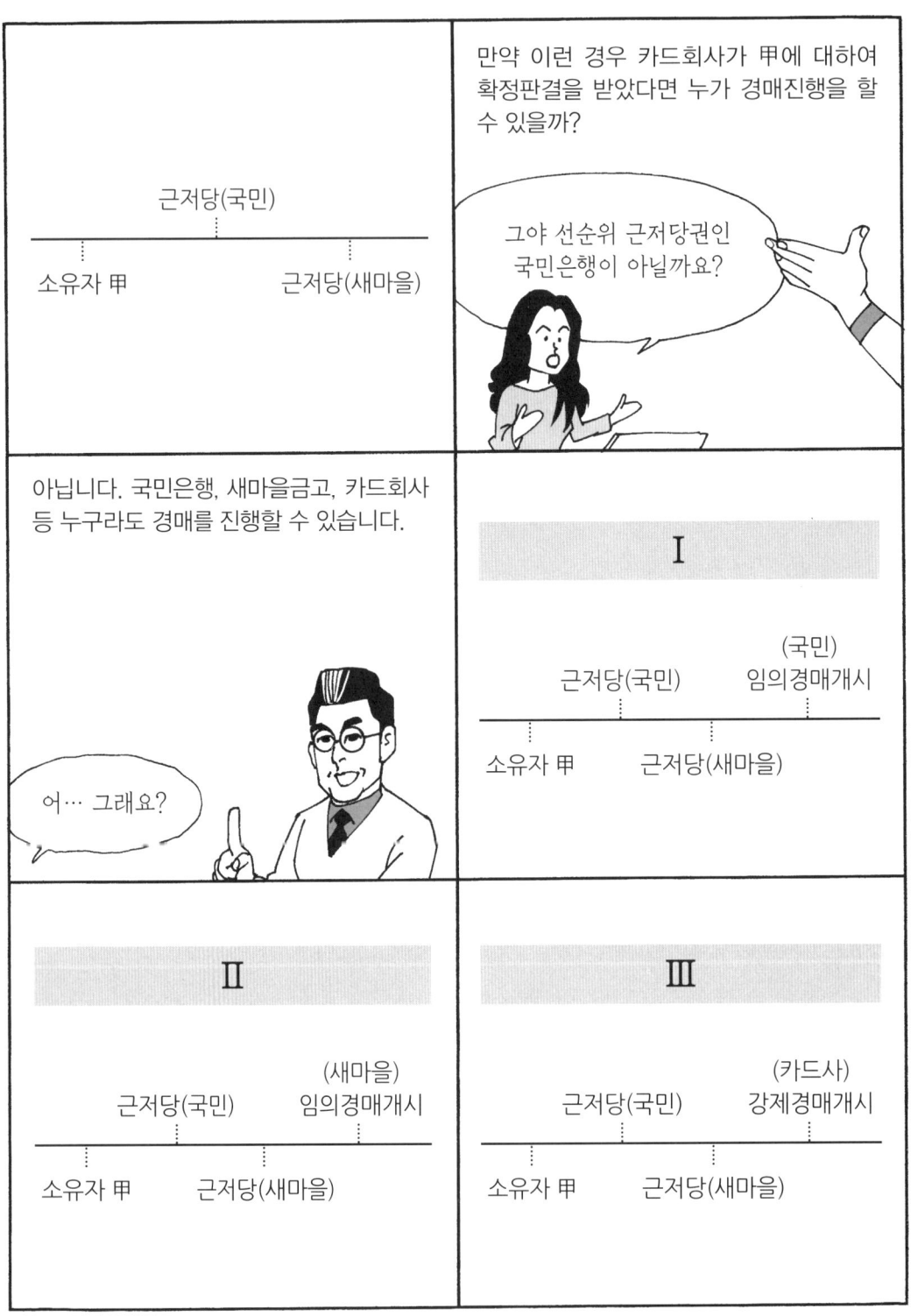

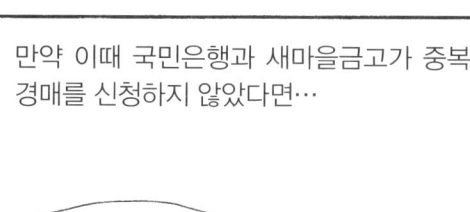

새매각과 재매각(신경매와 재경매)

민사집행법은 새매각과 재매각이라 하지만 일반적으로 경매에서는 신경매와 재경매라고 하죠.

그래요?

신경매와 재경매를 표로 만들어 보면 좋을 겁니다.

그냥 이해만 하면 된다는 말씀…?

구분	사유	법사가격	경매보증금
신경매	유찰로 다시 실시하는 경매	20~30% 저감	10%
	낙찰불허로 다시 실시하는 경매	종전 법사가격과 동일	
	낙찰허가 취소로 다시 실시하는 경매		
재경매	낙찰자의 대금지급의무불이행으로 다시 실시하는 경매		통상 20%

신경매는 위와 같이 세가지로 구분할 수 있는데 그 중에서도 유찰로 다시 실시하는 경매는 법사가격이 20~30% 저감이 됩니다.

왜 20~30% 인가요?

예! 법원에 따라서 법사가격이 차이가 납니다.

어디에서 확인을 해야…?

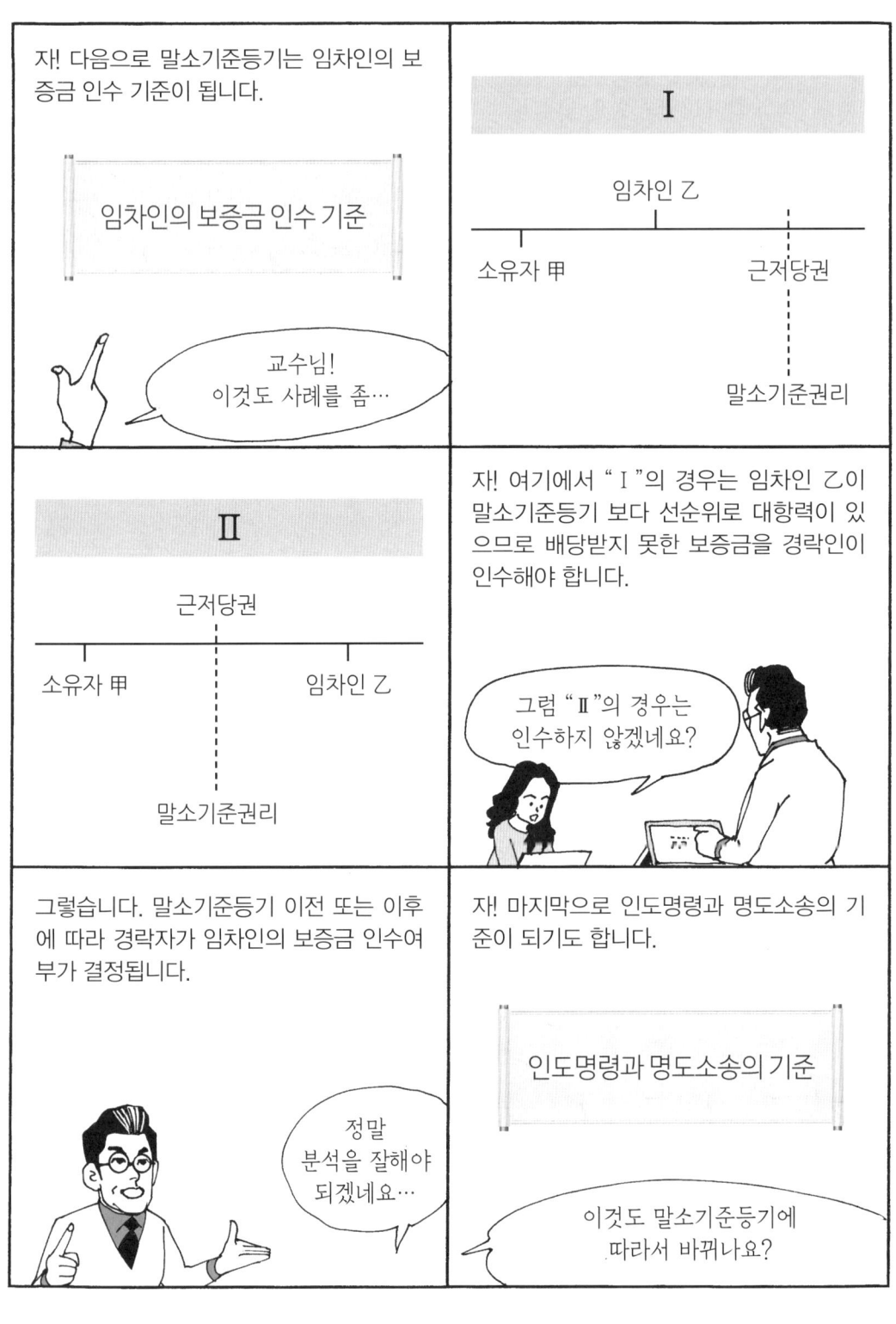

그렇습니다. 사례 "Ⅰ"은 임차인 乙이 대항력이 있으니까 명도소송을 해야 하지만…

사례 "Ⅱ"는 대항력이 없으니까 인도명령대상이네요.

그렇습니다. 인도명령은 4주 정도, 명도소송은 최소 6개월이 소요되므로 시간과 비용 측면에서 보면 많은 차이점이 있죠.

알겠습니다.

배당요구종기일

자! 이제 배당요구종기일에 대하여 알아보죠.

이것도 중요하나요?

말소기준등기처럼 중요합니다.

그래요?

49
❶ 경매의 기초

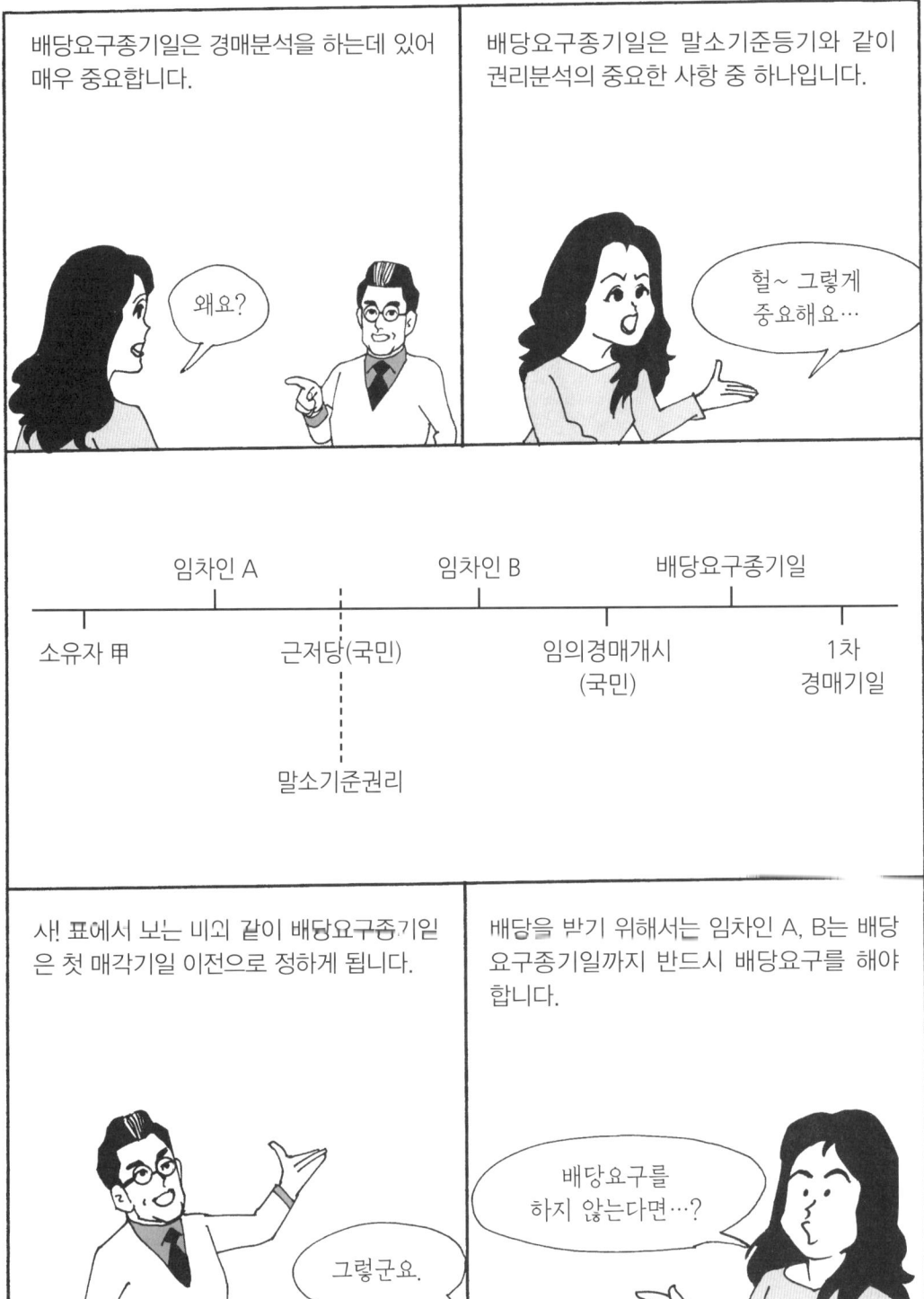

배당요구종기일까지 배당 신청

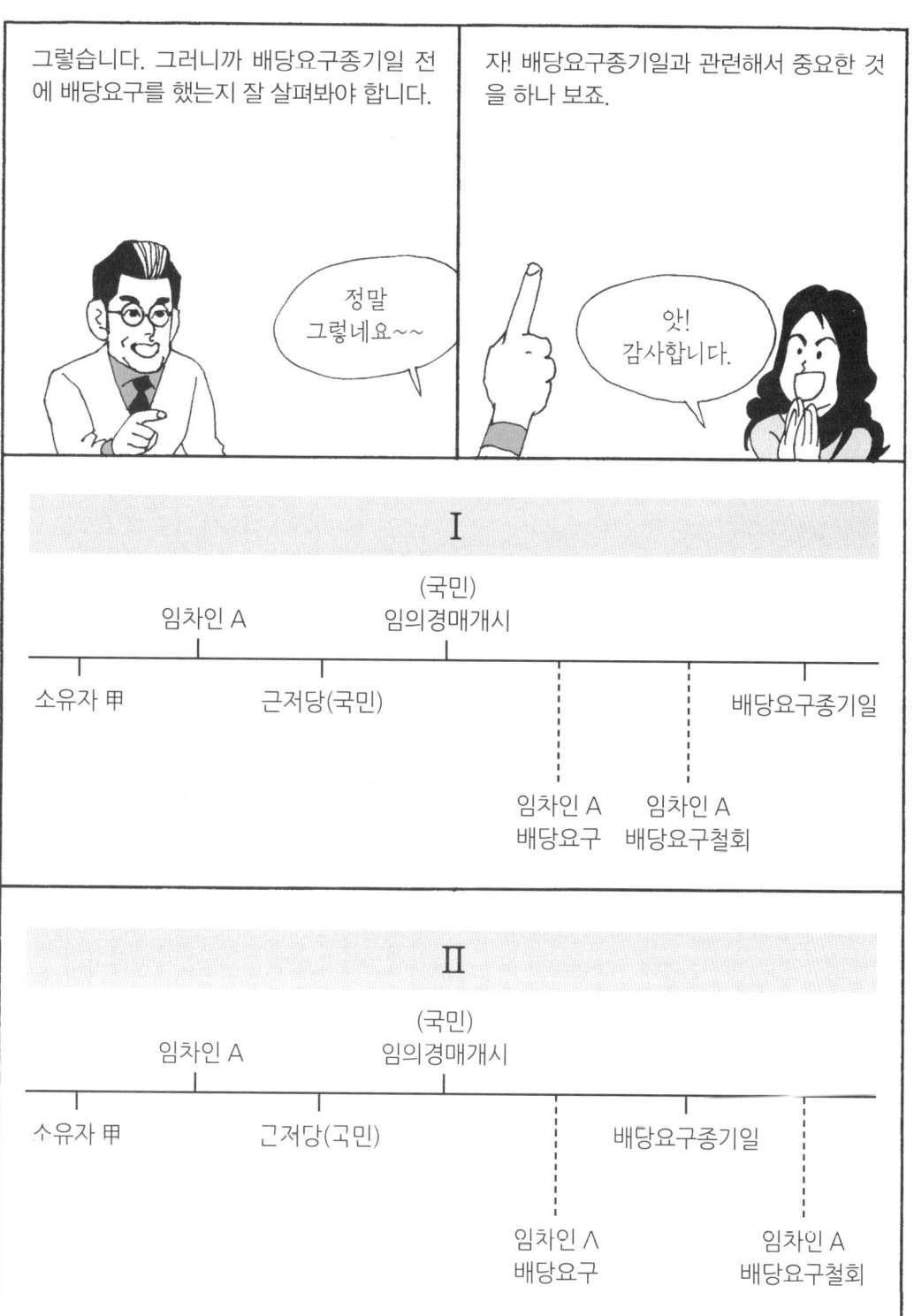

자! 먼저 "Ⅰ"에서 보면 임차인 A는 배당요구종기일 전에 배당요구를 했다가 배당요구를 철회했습니다. 이런 경우에는…?	배당요구종기일 전에 청구했을지라도 배당요구종기일 전에 철회를 하면 배당요구를 안한 것과 같습니다. 그럼 "Ⅱ"와 같이 배당요구종기일 후에 철회를 한다면…?
배당요구종기일 이후에 철회를 하는 경우에는 철회를 하지 않은 것으로 봅니다. 그럼 배당요구를 한 것으로 보네요?	그렇습니다. 배당요구종기일 이후에는 배당요구를 하거나 철회를 해도 그 효력은 인정이 안됩니다. 왜 그렇죠?
경매법원이 배당요구종기일을 정한 것은 기준점이 필요해서 그랬을 수도 있습니다. 어떤 기준점이…?	경매에 참여하는 사람 입장에서는 기준점이 있어야 판단을 할 수 있기 때문이죠. 인수와 말소 말씀이죠?

중복경매와 관련한 배당요구종기일

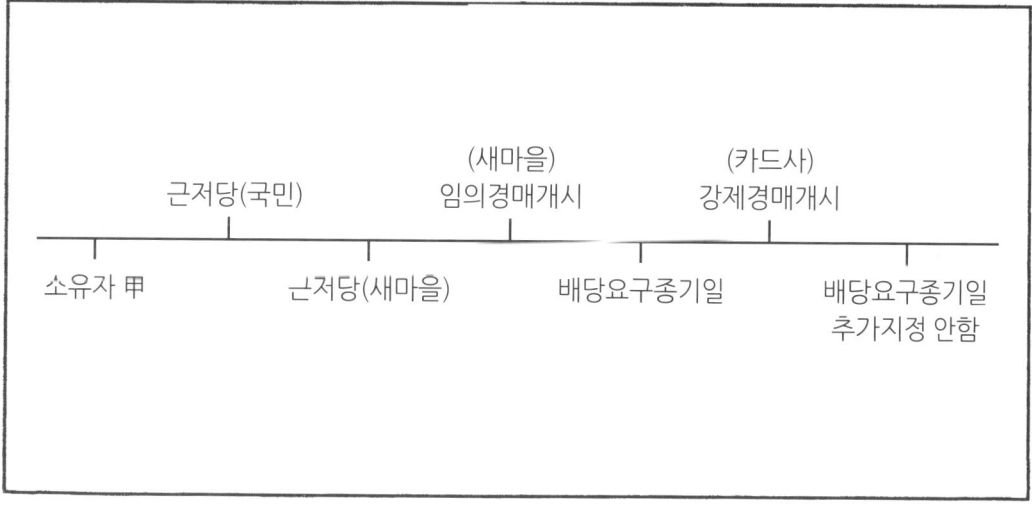

02

경매와 관련한 유용한 인터넷 Site

자! 이제부터는 경매와 관련한 유용한 인터넷 Site를 알아보기로 하겠습니다. 갑자기 웬 인터넷 Site를…?	경매와 직접적인 관련은 없지만 우리가 경매분석을 하는데 있어서 가장 필요한 것이죠. 아하! 실전에서 말이죠?
그렇습니다. 어떤 경매책자에도 이런 내용들이 소개되지 않겠지만 아주 유용할 겁니다. 기대 되는데요…	이제부터 소개해 드리는 내용을 여러분들이 실전에서 사용하면 아주 좋을 겁니다. 그럼 제게만 말씀해주시지ㅋㅋ
이런 Site를 컴퓨터 "즐겨찾기"에 해 놓으면 아주 편리할 겁니다. 알겠습니다. 바로 실천하겠습니다~~	이런 Site를 여러분들이 실제 여러 번 해보는 것이 좋습니다. 예. 알겠습니다.

정부24 (www.gov.kr)

정부민원포털인 정부24는 다양한 민원을 처리할 수 있는 곳입니다.

유료 또는 무료가 있습니다. 열람만 하는 경우는 많은 경우가 무료이니까 좋습니다.

저도 들어봤는데… 무료인가요?

그래요~~?

건축물관리대장, 개별공시지가, 토지(임야)대장, 지적도(임야도) 등 다양한 민원을 처리할 수 있죠.

회원가입을 해야 사용할 수 있으니 가입하는 것이 좋습니다.

저도 회원가입을 해야겠습니다.

알겠습니다.

토지이용규제정보서비스

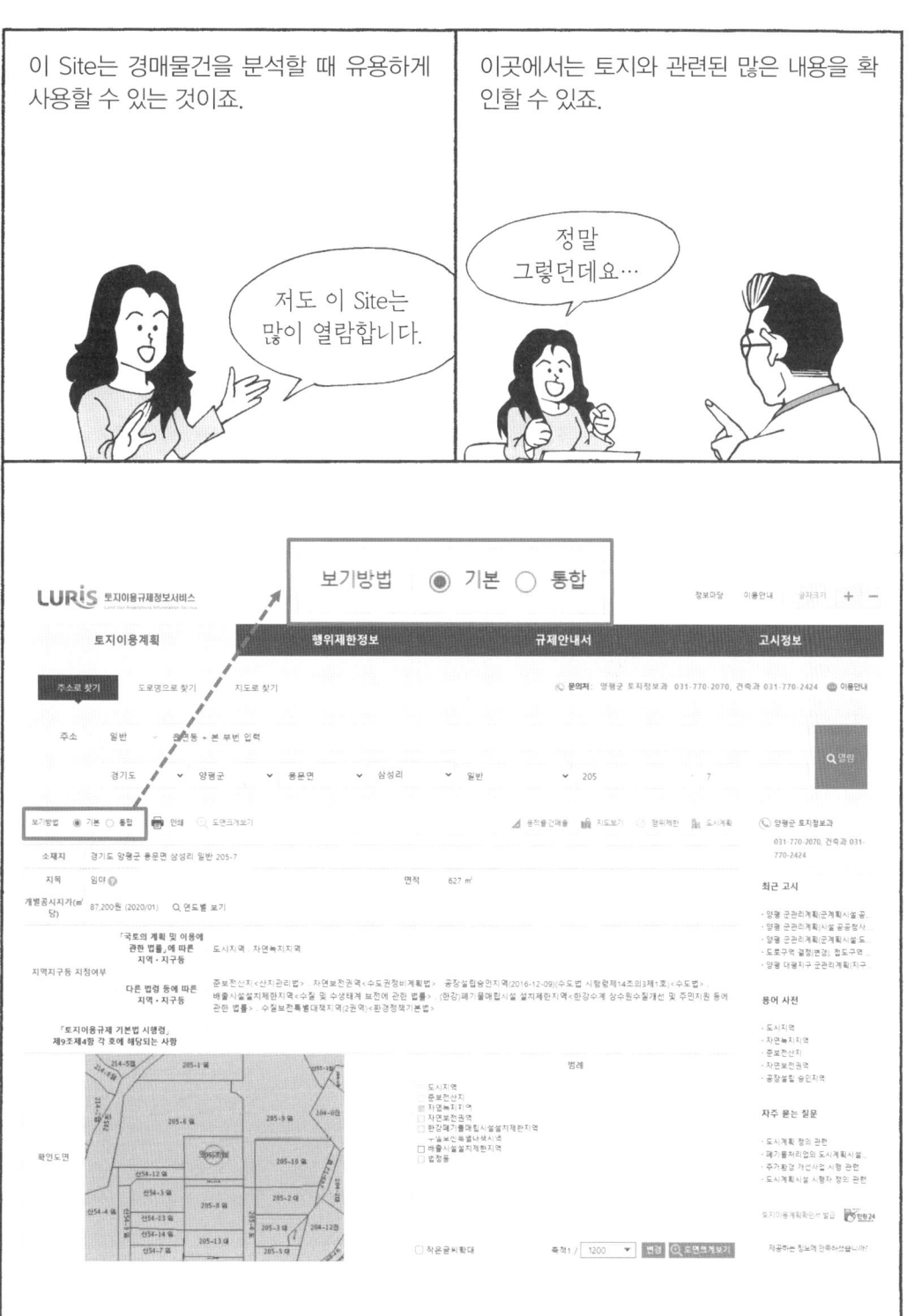

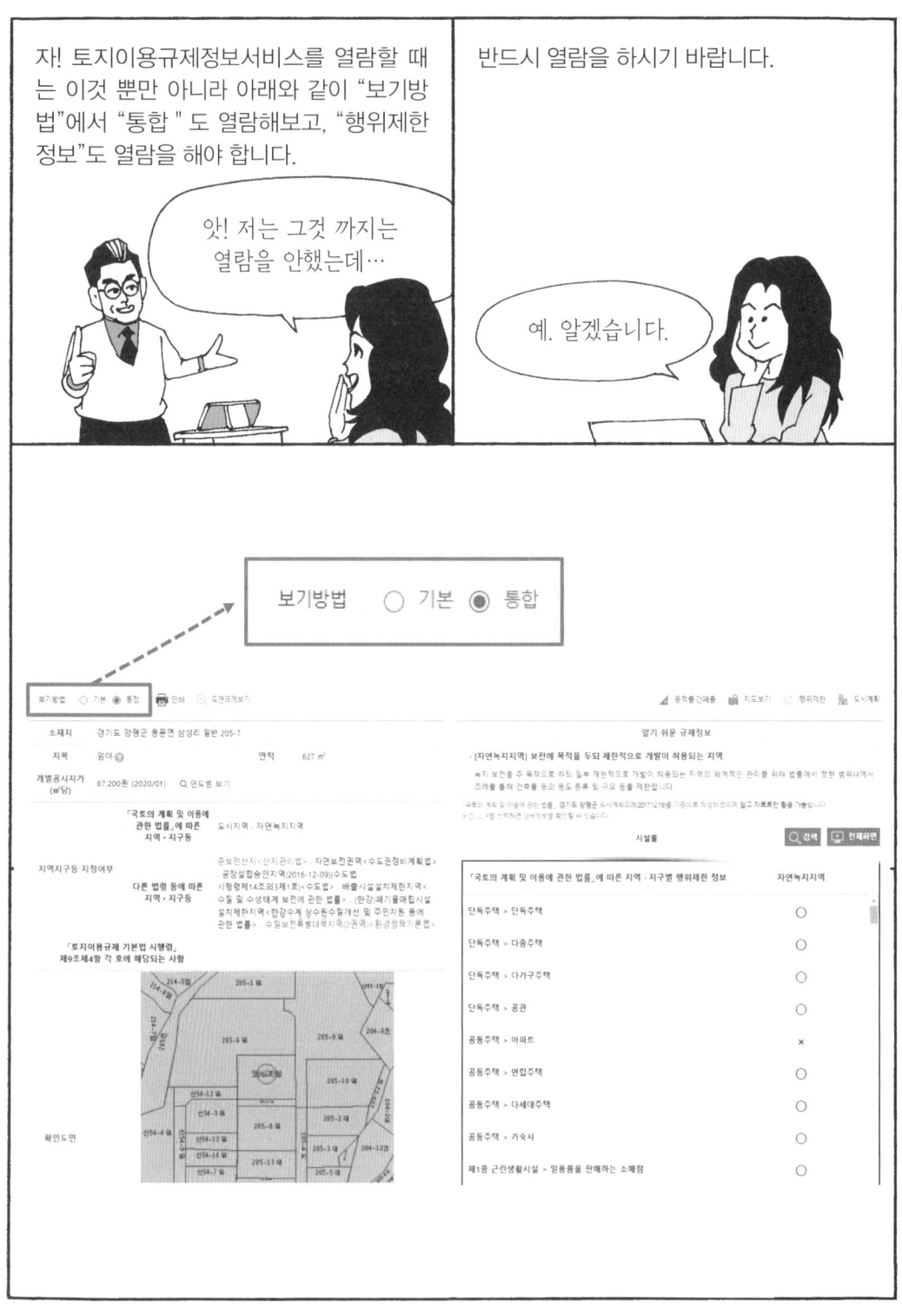

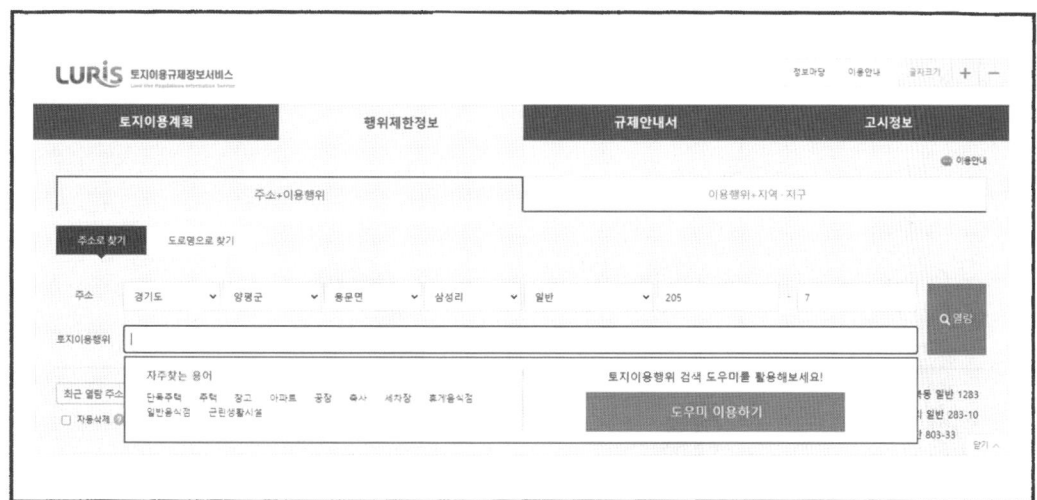

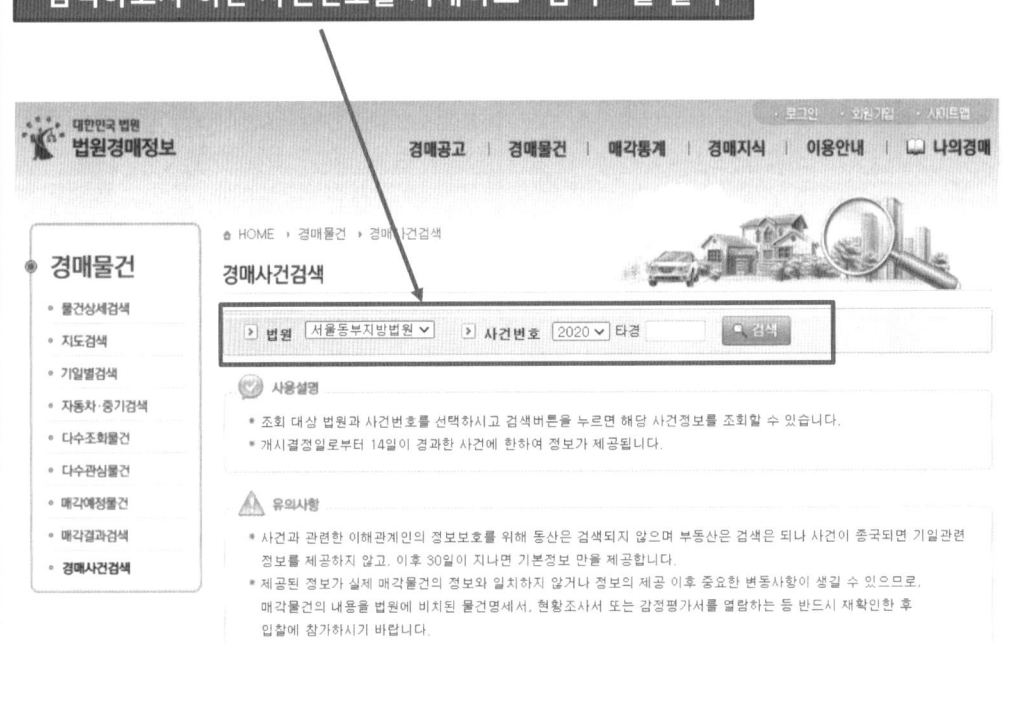

자! 이렇게 한 다음 검색하고자 하는 법원과 사건번호를 기재한 후 검색을 클릭합니다.

별로 어렵지는 않은데요~~

그렇습니다. 간단합니다. 현재 경매가 진행되고 있는 수원지방법원 2020타경 56805호를 검색해보죠.

알겠습니다.

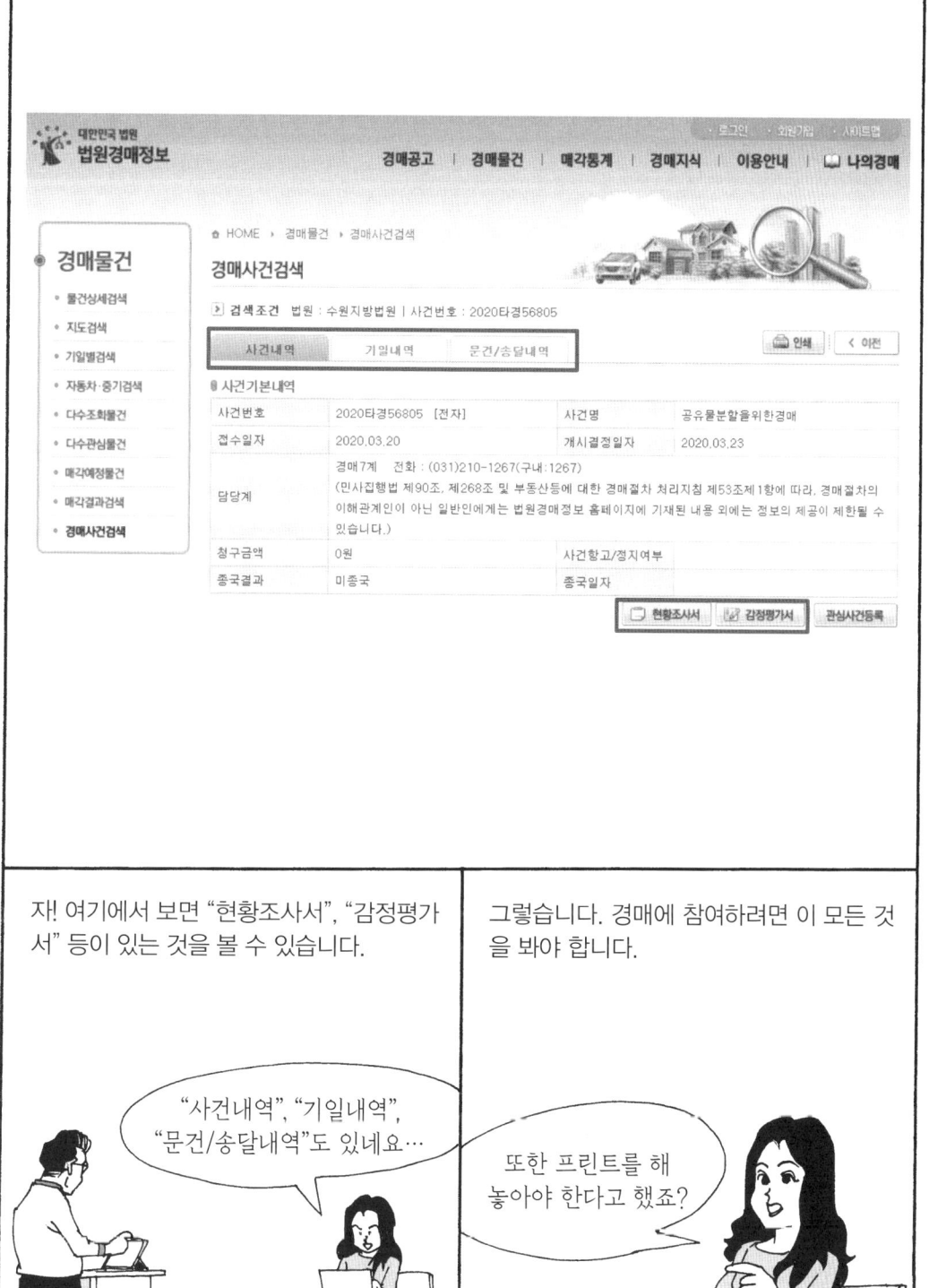

이 경매사건과 관련된 사건내역이므로 "대법원 나의사건검색"에서 반드시 확인

항고내역

물건번호	항고제기자	항고접수일자	항고		재항고		확정여부
		접수결과	사건번호	항고결과	사건번호	재항고결과	
			검색결과가 없습니다.				

관련사건내역

관련법원	관련사건번호	관련사건구분
수원지방법원	2018가단534866	화해권고결정

물건내역

물건번호	1	▶ 물건상세조회 ▶ 매각기일공고 ▶ 매각물건명세서	물건용도	근린시설	감정평가액 (최저매각가격)	1,453,757,600원 (1,453,757,600원)
물건비고	1.일괄매각, 제시외 건물 포함 2.목록2 - 건물2층은 공부상 "슬래브지붕"이나 현황은 "판넬지붕"임 - 1층에는 3개의 상가건물, 2층에 주거가 있음(현황보고서)					
목록1	경기도 용인시 수지구 동천동 768-1		목록구분	토지	비고	미종국
목록2	경기도 용인시 수지구 동천로 31		목록구분	건물	비고	미종국
제시외	1.(용도)창고(구조)판넬조(면적)4㎡ 2.(용도)점포(구조)벽돌조(면적)38㎡					
물건상태	매각준비 -> 매각공고					
기일정보	2021.01.12			최근입찰결과		

이 곳에는 "특별매각조건" 등이 기재되어 있음

당사자내역

당사자구분	당사자명	당사자구분	당사자명
신청인	김OO	상대방겸소유자	이OO
상대방겸소유자	심OO	상대방겸소유자	심OO
신청인겸소유자	김OO	임차인	노OO
임차인	권OO	임차인	김OO(OOOOO)

당사자내역은 이해관계인과 동일, 유치권자도 경매법원에 신고하면 이해관계인

현황조사서

| 법원 | 수원지방법원 | 명령회차 | 1 회 |

현황조사내역 | 부동산표시목록

기본정보
- **사건번호**: 2020타경56805 공유물분할을위한경매
- **조사일시**: 2020년04월17일 17시53분

부동산 임대차 정보

번호	소재지	임대차관계
1	경기도 용인시 수지구 동천동 768-1	0명

부동산의 현황 및 점유관계 조사서

1. 부동산의 점유관계

소재지	1. 경기도 용인시 수지구 동천동 768-1
점유관계	
기타	- 해당 토지 위에 목록 2. 건물이 위치함
소재지	2. 경기도 용인시 수지구 동천로 31
점유관계	임차인(별지)점유
기타	- 해당 건물은 1층에 3개 상가건물, 2층에 주거가 있음 - 1층 동단에 위치한 상가에서 만난 권●화에 의하면 자신이 임차하여 약국을 경영하고 있다고 말하므로 안내문을 교부하였고, 동쪽에서 두번째 상가와 세번째 상가는 폐문부재이므로 안내문을 부착함 - 2층에 위치한 주거로 통하는 1층 출입문이 잠겨있으므로 안내문을 부착함 - 한편 상가건물임대차현황서에는 권●화가 임차인으로 등재되어 있고, 전입세대열람내역서에는 전입세대 해당사항 없음이라고 기재되어 있음.

2. 부동산의 현황
- 목록 1. 토지위에 목록 2. 건물이 위치함
- 목록 2.는 2층 건물로 1층에는 3개 상가가 있고 2층에는 주거가 있음
- 목록 3.은 목록 4.와 함께 제시외 목조2층 건물 및 철근콘크리트조슬라브3층 건물의 대지로 사용되고 있음
- 제시외 목조2층 건물은 상가로 사용되고 있음
- 제시외 철근콘크리트조3층 건물의 1층에는 5개 상가가 있고, 2층에는 1개 사무실, 3층에는 1개 상가가 각 위치함

임대차관계조사서

1. 임차 목적물의 용도 및 임대차 계약등의 내용
[소재지] 2. 경기도 용인시 수지구 동천로 31

	점유인	권●화	당사자구분	임차인
	점유부분	33.0580㎡	용도	점포
1	점유기간	2002.07.01-2004.06.30		
	보증(전세)금	50,000,000	차임	1,000,000
	전입일자	2020.01.22	확정일자	2020.01.22

경매사건검색

▶ 검색조건 법원 : 수원지방법원 | 사건번호 : 2020타경56805

사건내역 　 기일내역 　 **문건/송달내역**　　　🖨 인쇄　< 이전

● 문건처리내역

접수일	접수내역	결과
2020.03.24	신청인대리인 중O 보정서 제출	
2020.03.25	등기소 용OOOO 등기필증 제출	
2020.04.16	신청인 소송대리인 법OOOOOOOOO 주소보정서 제출	
2020.04.20	집행관 이OO 현황조사보고서 제출	
2020.04.21	감정인 손OO 감정평가서 제출	
2020.04.22	기타 노OO 권리신고 및 배당요구신청서 제출	
2020.04.24	상대방겸소유자 이OO 열람및복사신청 제출	
2020.04.28	감정인 동OOOOOOOOO 감정서 제출	
2020.05.01	신청인 소송대리인 법OOOOOOOOO 보정서 제출	

● 송달내역

송달일	송달내역	송달결과
2020.03.30	신청인대리인 중O 보정명령등본 발송	2020.03.31 도달
2020.03.30	상대방겸소유자 이OO 개시결정정본 발송	2020.04.06 폐문부재
2020.03.30	상대방겸소유자대리인 이OO 개시결정정본 발송	2020.04.06 폐문부재
2020.03.30	신청인대리인 중O 개시결정정본 발송	2020.03.31 도달
2020.04.13	주무관서 용OOO 최고서 발송	2020.04.14 송달간주
2020.04.13	근저당권자 이OO 최고서 발송	2020.04.14 송달간주
2020.04.13	근저당권자 농OOOOOOO 최고서 발송	2020.04.14 송달간주
2020.04.13	근저당권자 용OOOO 최고서 발송	2020.04.14 송달간주
2020.04.13	집행관 수OOO OOO 조사명령 발송	2020.04.14 도달
2020.04.13	주무관서 기OOOO 최고서 발송	2020.04.14 송달간주
2020.04.13	감정인 손OO 평가명령 발송	2020.04.21 도달
2020.04.13	주무관서 국OOOOOOO OOOOO 최고서 발송	2020.04.14 송달간주

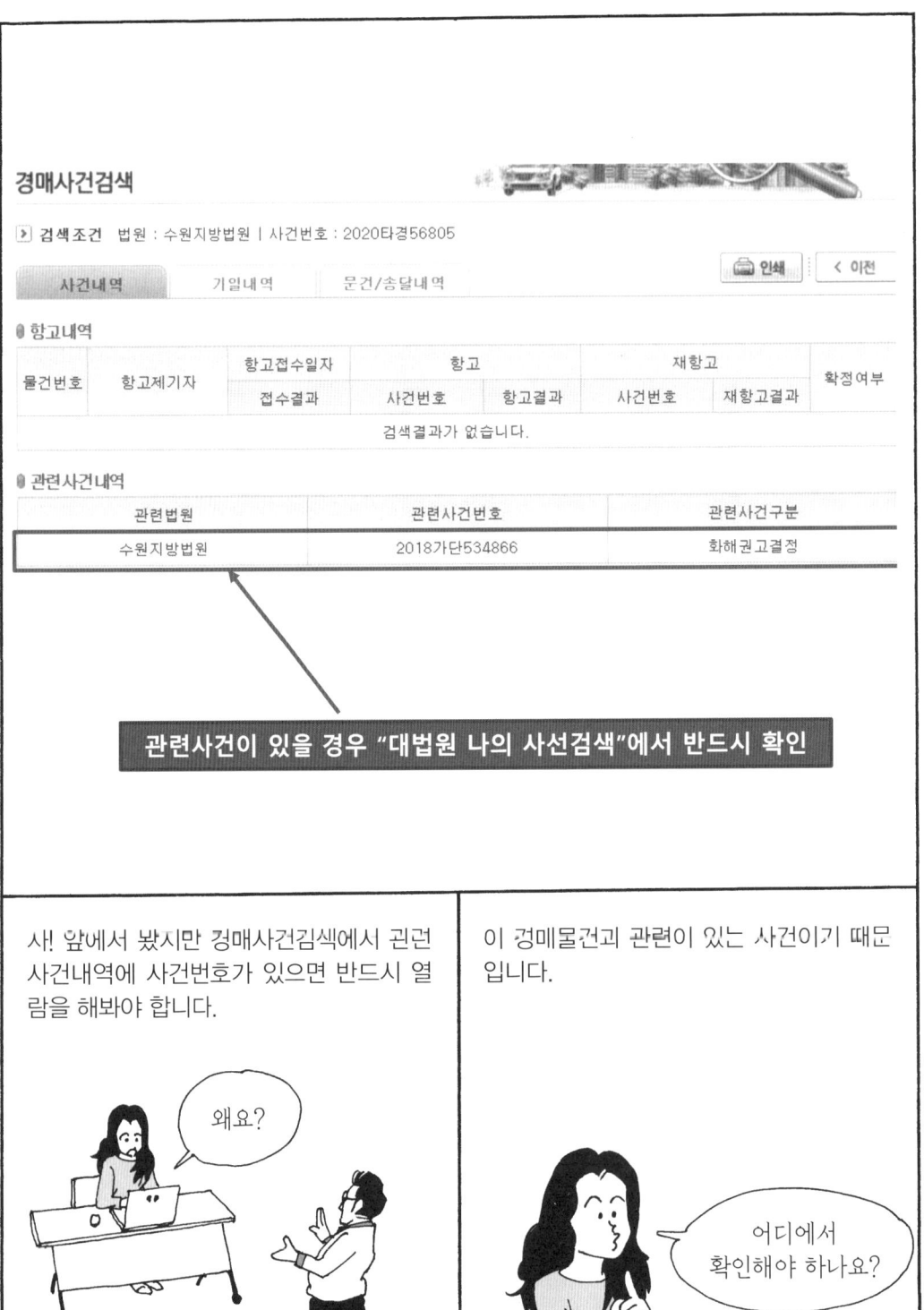

법원 나의 사건 검색

"법원 나의 사건 검색"을 치면 다음과 같은 화면이 나옵니다.

예! 저도 클릭했습니다.

나의 사건검색

| 사건번호로 검색 | 인증서로 검색 |

빠르고 편리한 고품질 사법서비스
대법원 전자소송

본 사이트에서 제공된 사건정보는 법적인 효력이 없으니, 참고자료로만 활용하시기 바랍니다.
민사, 특허 등 전자소송으로 진행되는 사건에 대해서는 전자소송 홈페이지를 이용하시면 판결문이나 사건기록을 모두 인터넷으로 보실 수 있습니다.

| 사건일반내용 | 사건진행내용 | [인쇄하기] [나의 사건 검색하기] |

, 사건번호 : 수원지방법원 2018가단534866

기본내용   [청사배치]

사건번호	2018가단534866	사건명	[전자] 공유물분할
원고	김순희	피고	이정희 외 2명
재판부	민사10단독		
접수일	2018.07.25	종국결과	2019.04.12 화해권고결정
원고소가	71,959,725	피고소가	
수리구분	제소	병합구분	없음
상소인		상소일	
상소각하일		보존여부	기록보존됨
인지액	295,900원		
송달료,보관금 종결에 따른 잔액조회	[잔액조회]		
판결도달일		확정일	2019.04.12

관련사건내용

법원	사건번호	결과
수원지방법원	2018머60578	조정사건

당사자내용

구분	이름	종국결과	판결도달일	확정일
원고	1. 김순희	2019.04.10 화해권고결정		2019.04.10
피고1	1. 이정희	2019.04.12 화해권고결정		2019.04.12
피고2	2. 심수민 (미성년자이므로 법정대리인 친권자 모 이정희)	2019.04.12 화해권고결정		2019.04.12
피고3	3. 심재훈 (미성년자이므로 법정대리인 친권자 모 이정희)	2019.04.12 화해권고결정		2019.04.12

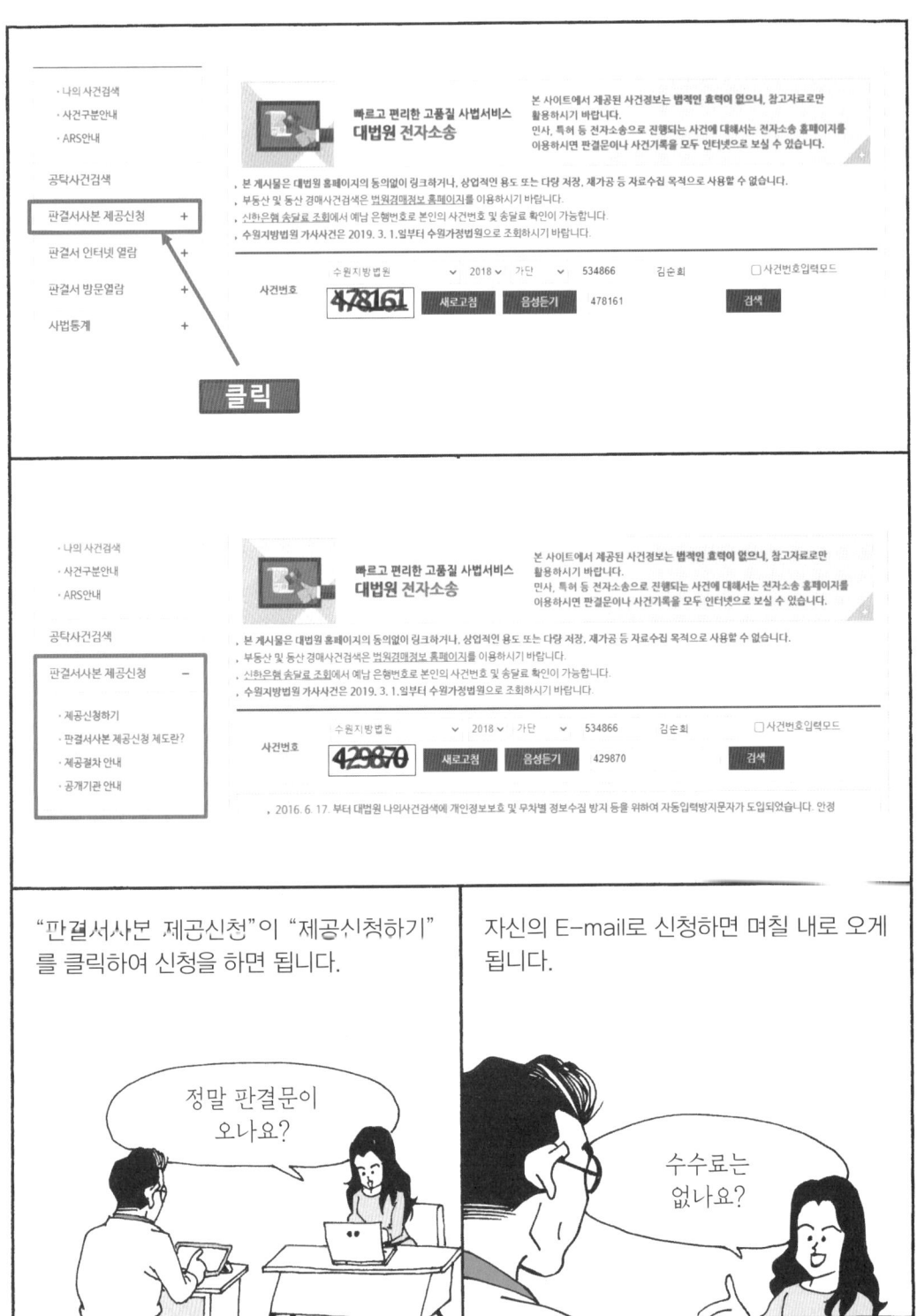

부동산 시세 검색

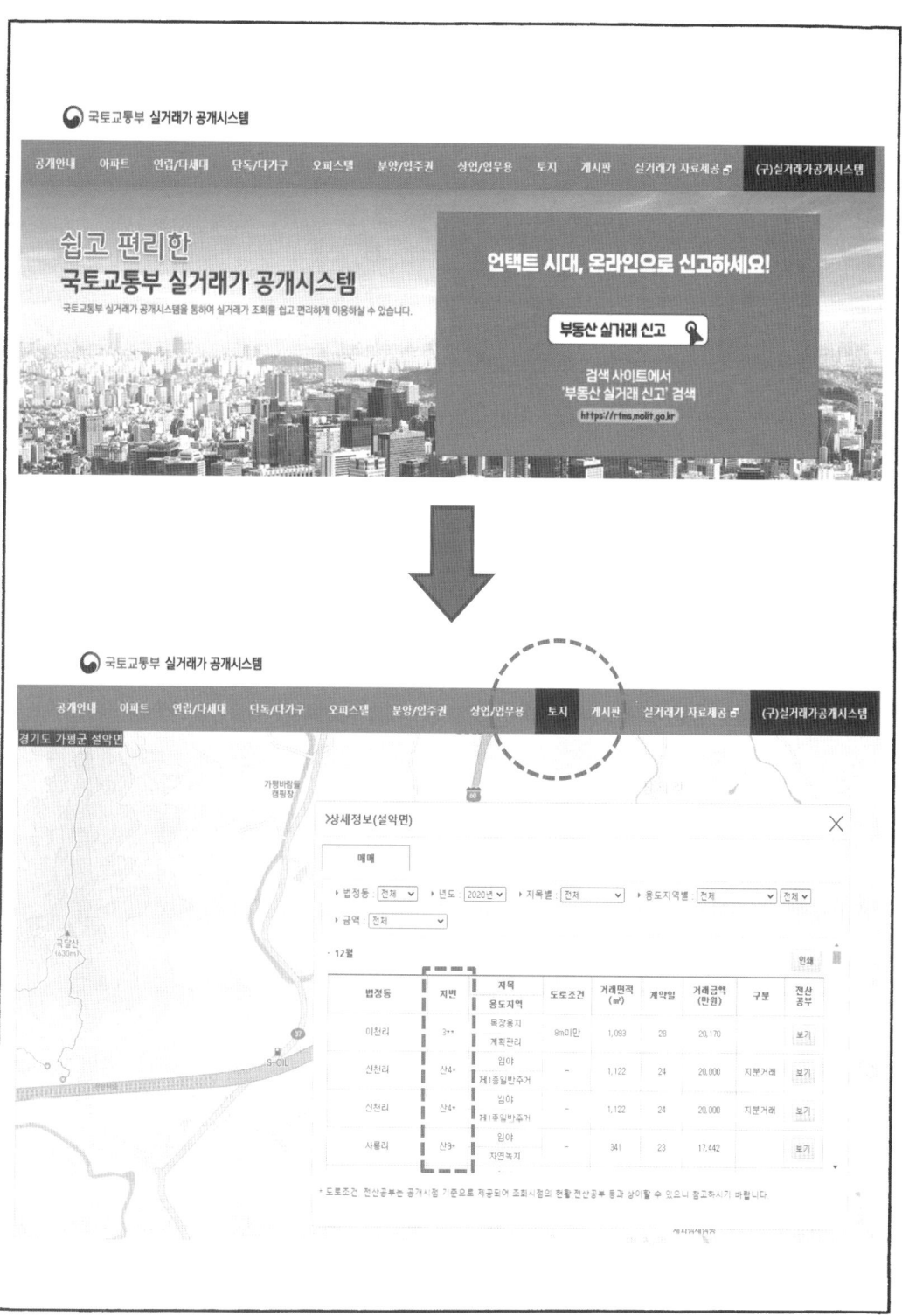

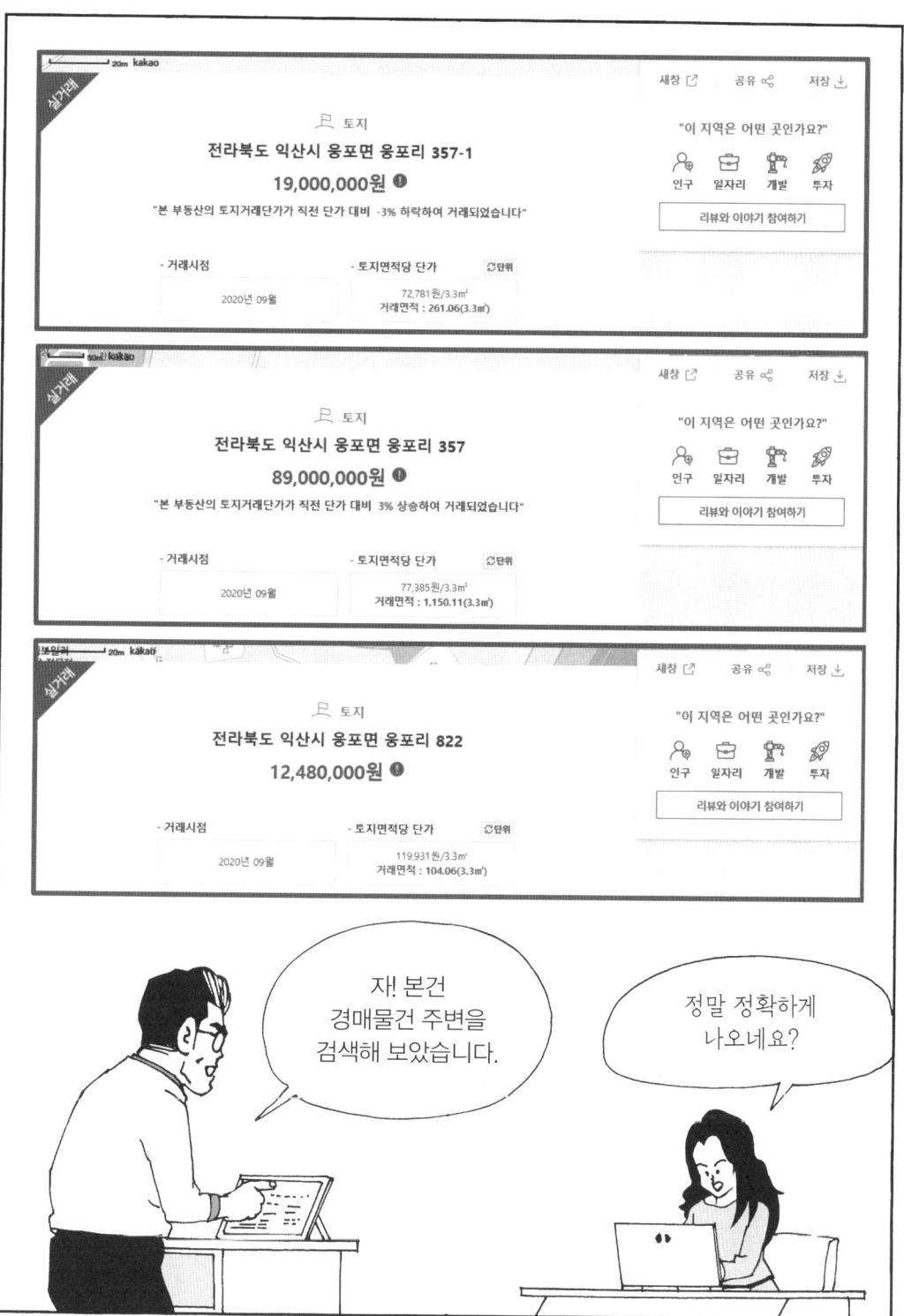

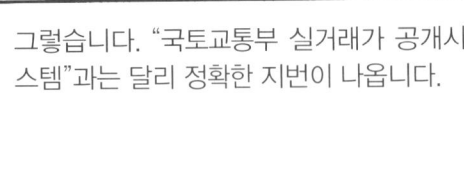

국가법령정보센터

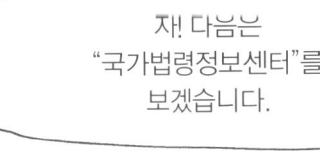

각종 위성지도 활용방법

자! 이제 위성지도 활용방법을 알아보기로 하죠.

그렇습니다. 그러나 다른 활용법을 알아볼 겁니다.

엥! 그건 누구나 활용하잖아요?

어떤…?

위성지도는 법정지상권을 분석하는 데 무척 많이 사용됩니다.

그렇습니다. 여기에서는 기본적인 활용법을 말씀드릴 겁니다.

아하! 교수님의 "만화로 배우는 법정지상권"에서 봤습니다

알겠습니다~~

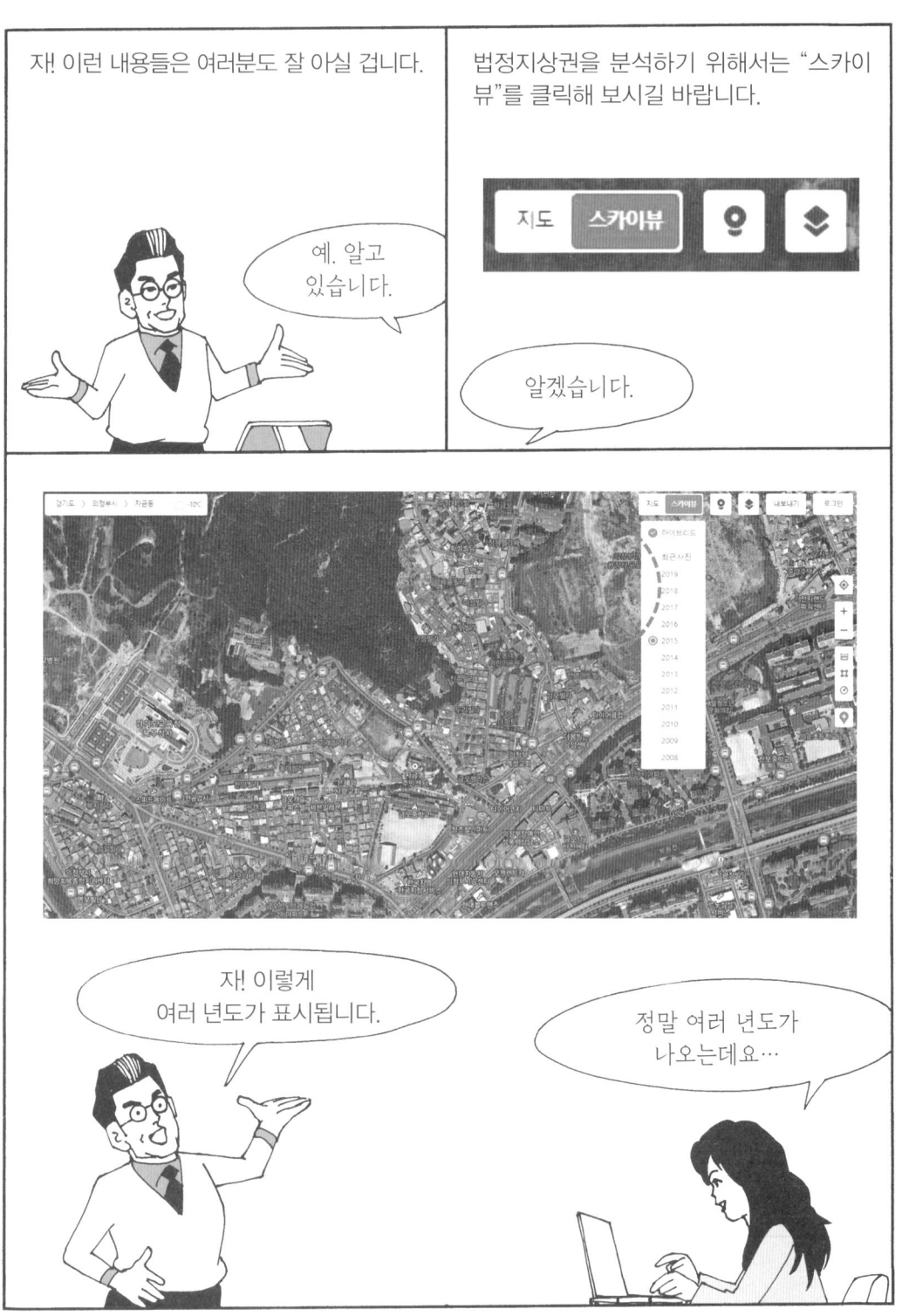

현재 위성지도와 2015년 위성사진을 비교하면 차이점을 발견 가능

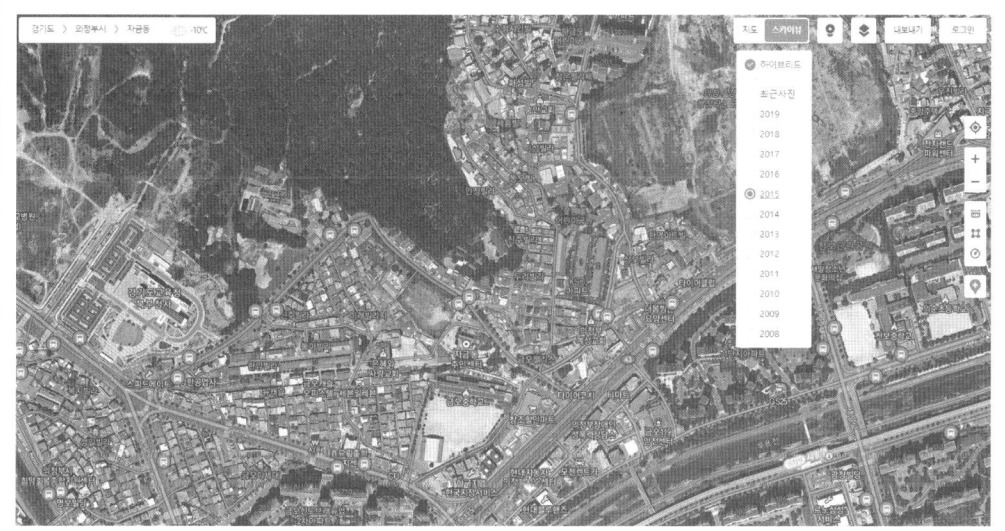

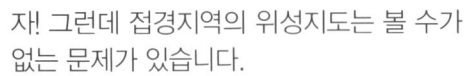

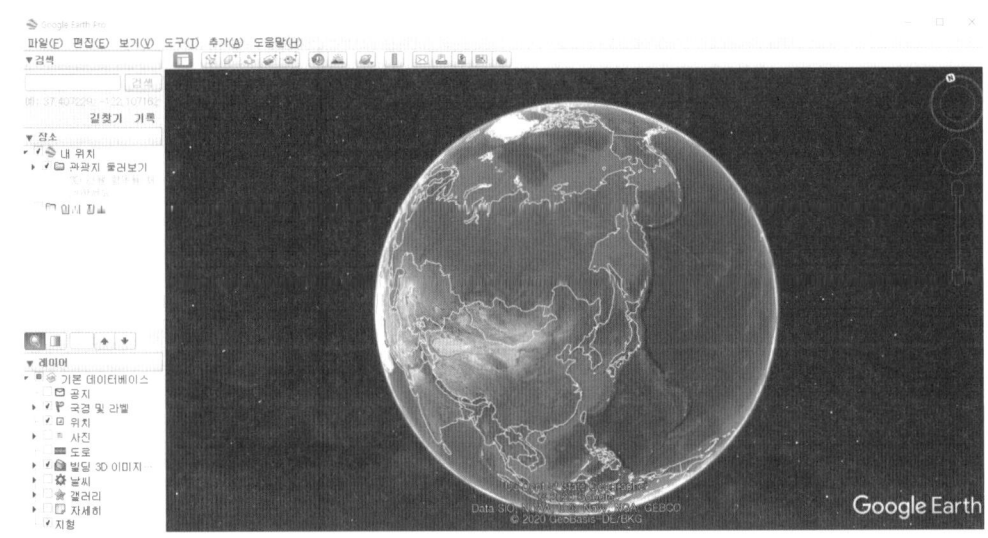

정부/지자체 포털 이용방법

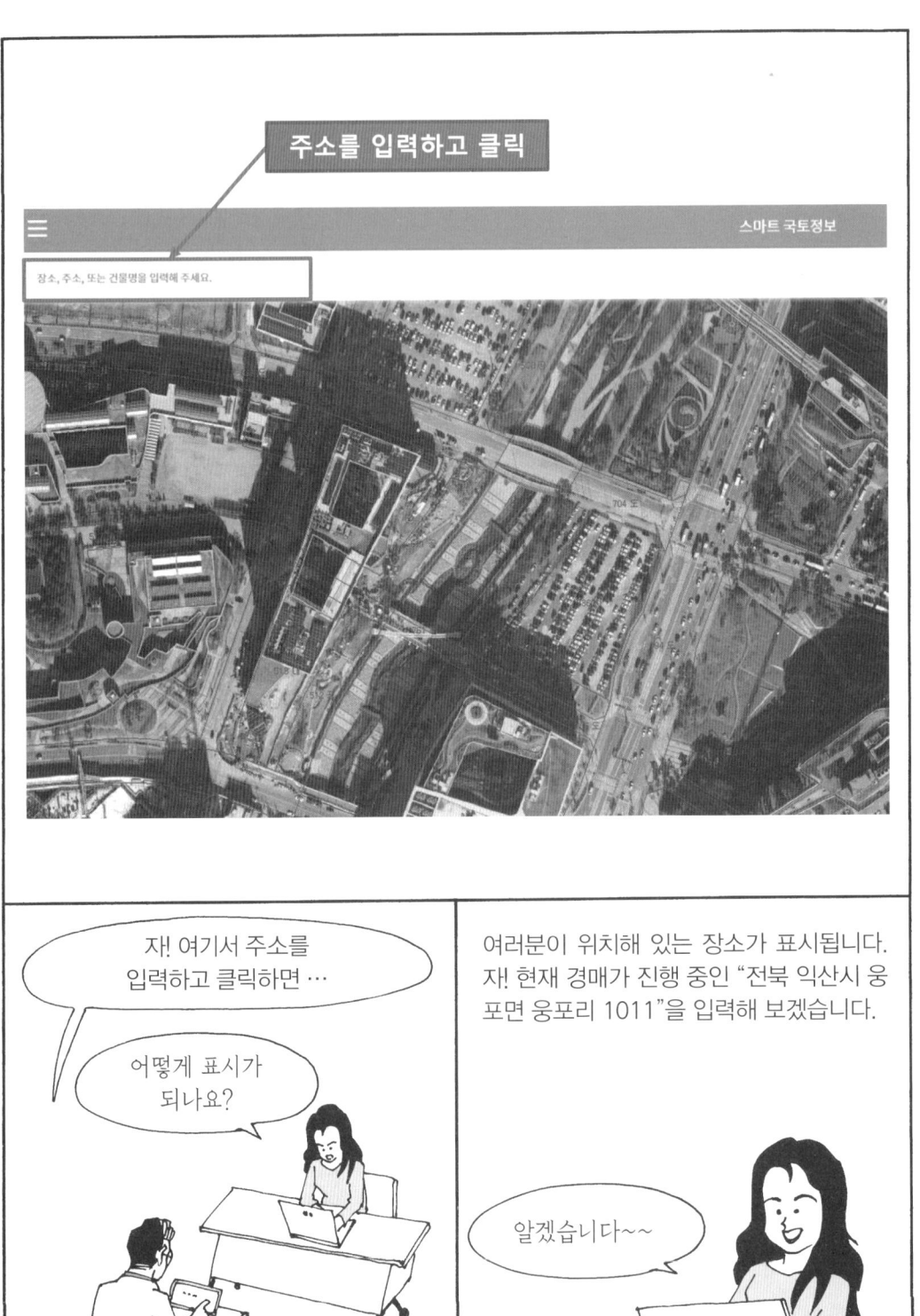

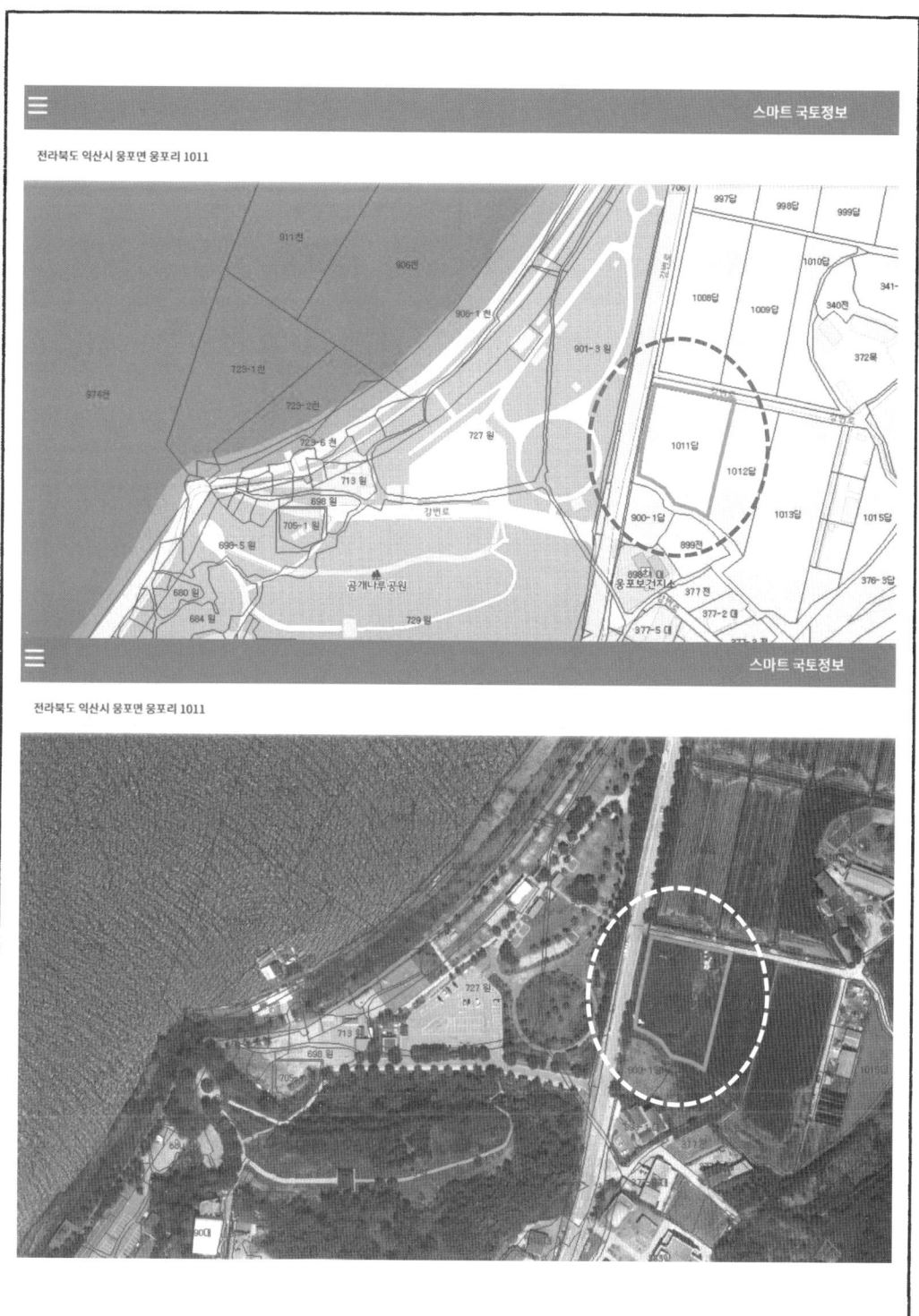

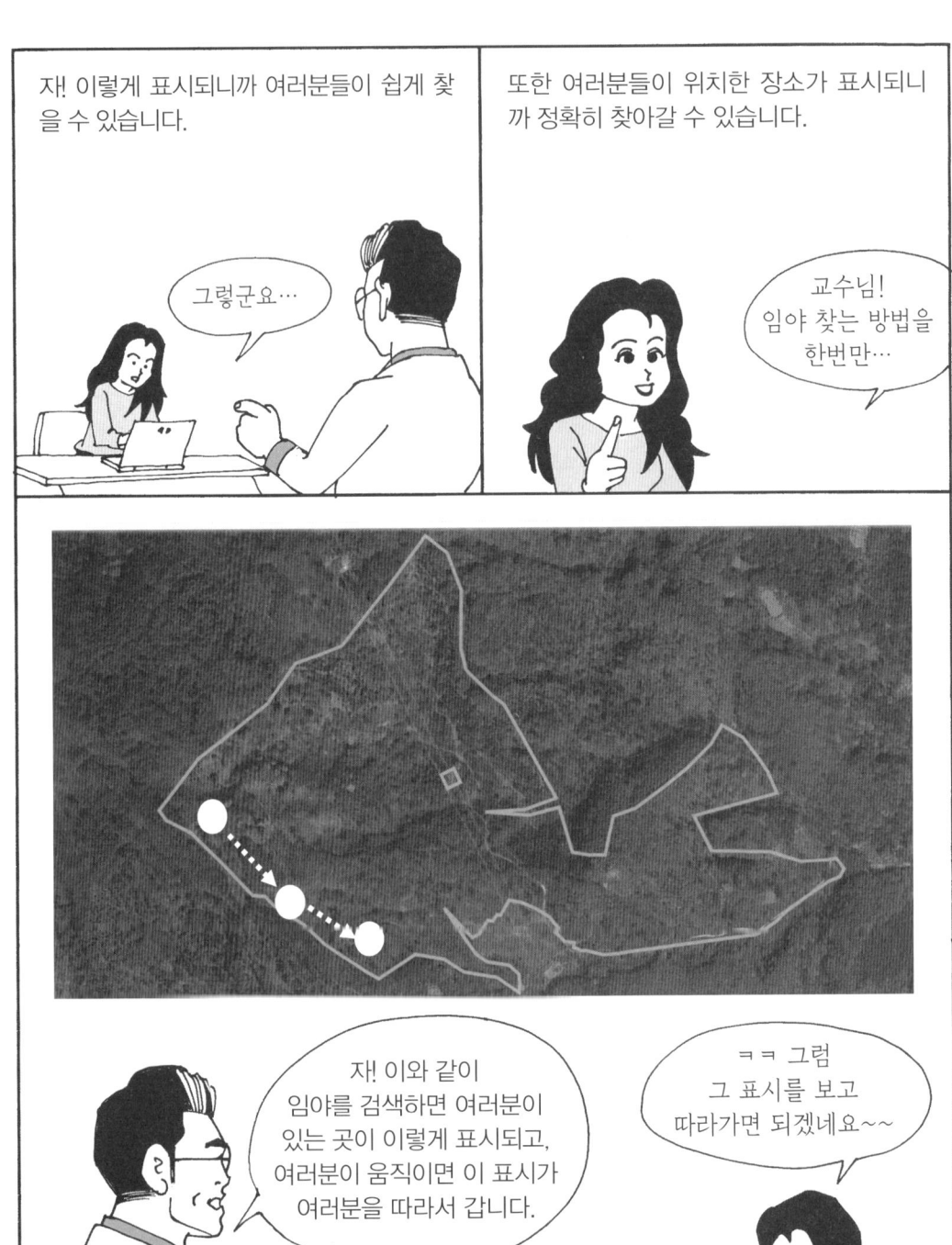

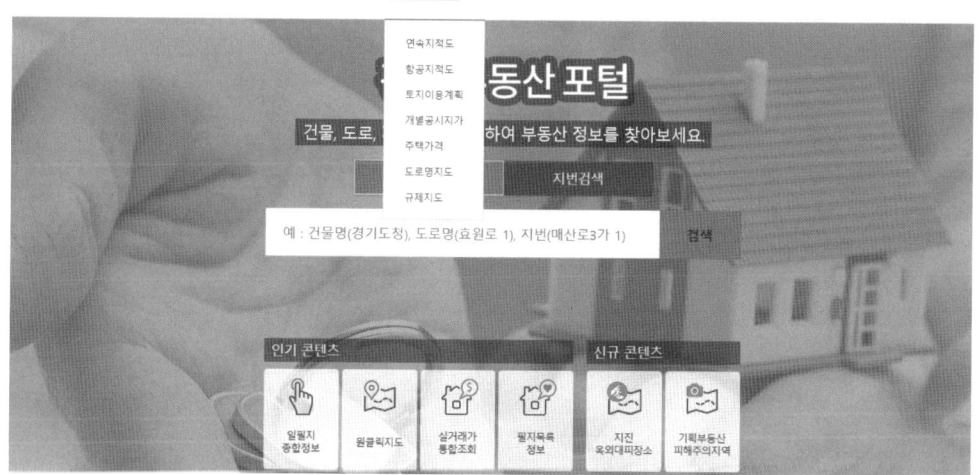

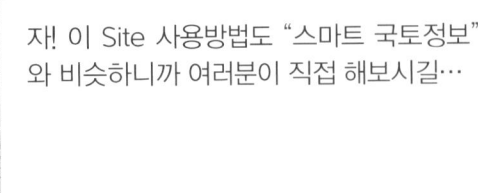

임업정보 다드림

자! 우리가 임야에 대하여 입찰할 경우 아주 유익한 Site가 있습니다. 그래요~~?	임야를 경락받을 때는 여러가지를 고려합니다. 저는 주택을 건축하려고 임야를 생각하는데…
그렇습니다. 우리가 임야를 경락받는 목적은 여러가지가 있을 수 있지만… 건축용도가 제일 많을 것 같은데요… 	그렇습니다. 그렇기 때문에 이 Site는 많은 도움이 될 겁니다. 알겠습니다. 

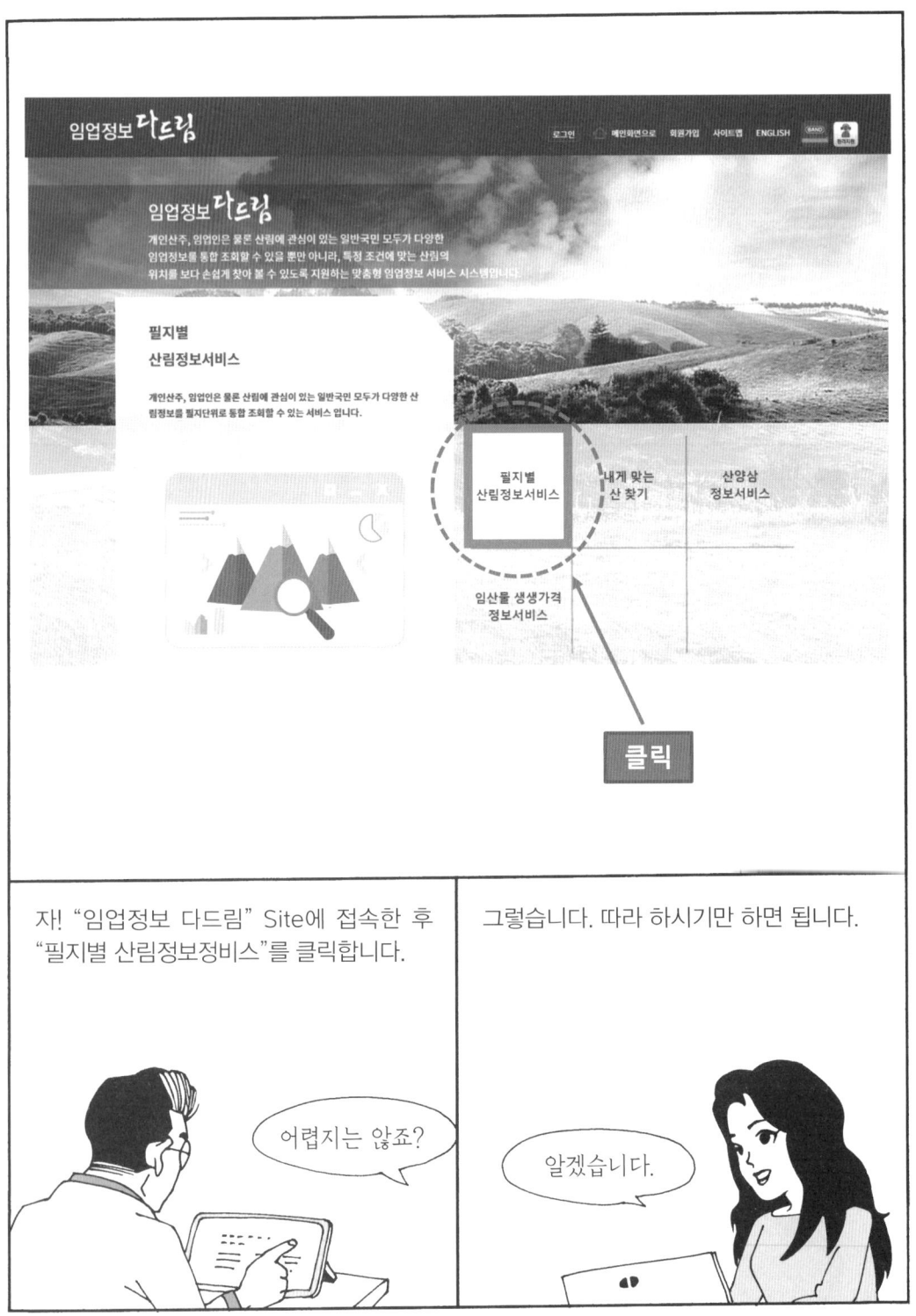

여기에 검색하고자 하는 주소 입력 후 "검색하기" 클릭

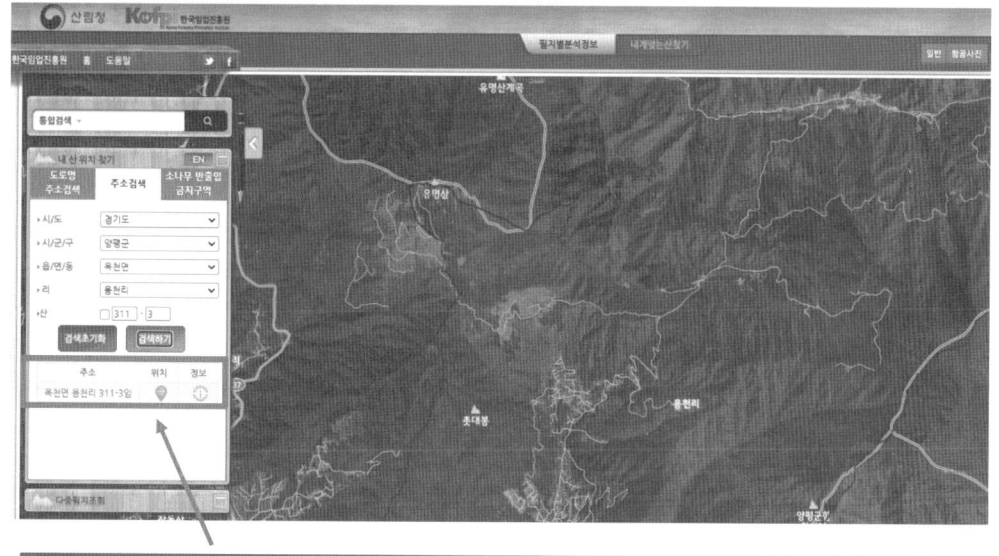

"정보"를 클릭, "경기도 양평군 옥천면 용천리 311-1"을 검색한 결과

양평군 도시계획 조례

제18조(개발행위허가의 기준) ① 영 별표 1의2 제1호의 규정에 의하여 군수는 다음 각 호의 요건을 모두 갖춘 토지에 한하여 개발행위를 허가할 수 있다.

1. 개발행위허가 대상토지의 헥타르당 평균입목축적이 양평군의 헥타르당 평균입목축적의 150퍼센트 이하인 경우

2. 경사도가 25도 미만인 토지. 다만, 경사도가 25도 이상인 토지에 대하여는 군계획위원회의 자문을 거쳐 허가할 수 있다. 이 경우 경사도 산정방식은 별표24에 의한다.

② 제1항의 규정은 제21조 및 제23조에 따라 개발행위를 허가하는 경우에는 적용하지 아니한다.

③ 제1항 제2호 및 제3호에도 불구하고 지목이 임야인 경우, 경사도 산정방식 및 기준지반고에 대하여는 「산지관리법」의 규정을 따른다.

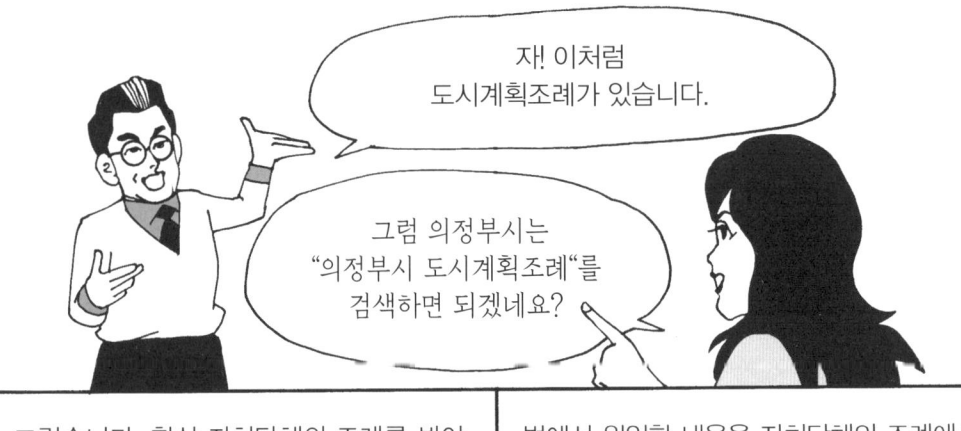

경기도 자치단체별 산지전용가능 경사도 기준

연천군	25	동두천	25	포천	25
양주	18	가평	25	남양주	15
파주	18/문산, 파주 20/법원, 적성, 파평 23	고양	15	김포	18(보전지역 11)
하남	10	성남	15(녹지지역 12)	과천	15(녹지지역 12)
광주	20	양평	25	여주	25
이천	25	용인	처인 20/ 기흥, 수지 17.5	수원	10
안산	17	화성	15	오산	17	광명	15
평택	15	안성	25	의왕	17	의정부	18

※경사도는 평균 경사도임

자! 경기도지역의 산지전용가능 경사도를 각 자치단체의 조례를 보고 정리해 봤습니다.

정말 각각이군요?

그래서 반드시 조례를 봐야 합니다. 또한 수시로 개정될 수 있으므로 이를 확인해야 합니다.

알겠습니다.

03

경매와 공매의 차이점

경매와 공매의 차이점

구 분	경 매	공 매
인도명령신청	가능	불가능
상계신정	허용	불가능
공유자우선매수권	가능	가능
수의계약	불가능	가능
배당요구종기일	배당요구종기	배분요구종기
분할납부 가능여부	불가능	가능

04

법정매각조건과 특별매각조건

주인과 손님 모두 기본안주가 뭔지 알고 있고, 경매법원과 입찰자 모두 법정매각조건이 뭔지 알고 있기 때문이죠.

법정매각조건은 몇 가지가 있습니다.

1. 잉여가 없는 경우 낙찰불허
2. 최저매각가격 미만의 매각불허
3. 낙찰자의 소유권 취득, 인도청구시기
4. 낙찰자의 대금지급의무 및 지급시기
5. 소유권이전등기 시기와 등기말소비용

당연한 법정매각조건에 대해서는 경매법원에서 특별하게 고지하지 않습니다.

앞에서 말했지만 특별매각조건은 기본이 아니라 특별한 조건입니다.

특별한 것은 미리 가격 등을 정하듯이 법원 경매에서도 조건을 정하는 거죠.

특별매각조건에는 몇 가지가 있습니다.

1. 재경매보증금
2. 공유자우선매수신청
3. 농지취득자격증명
4. 환매특약
5. 사립학교 등의 주무관서 매각허가서

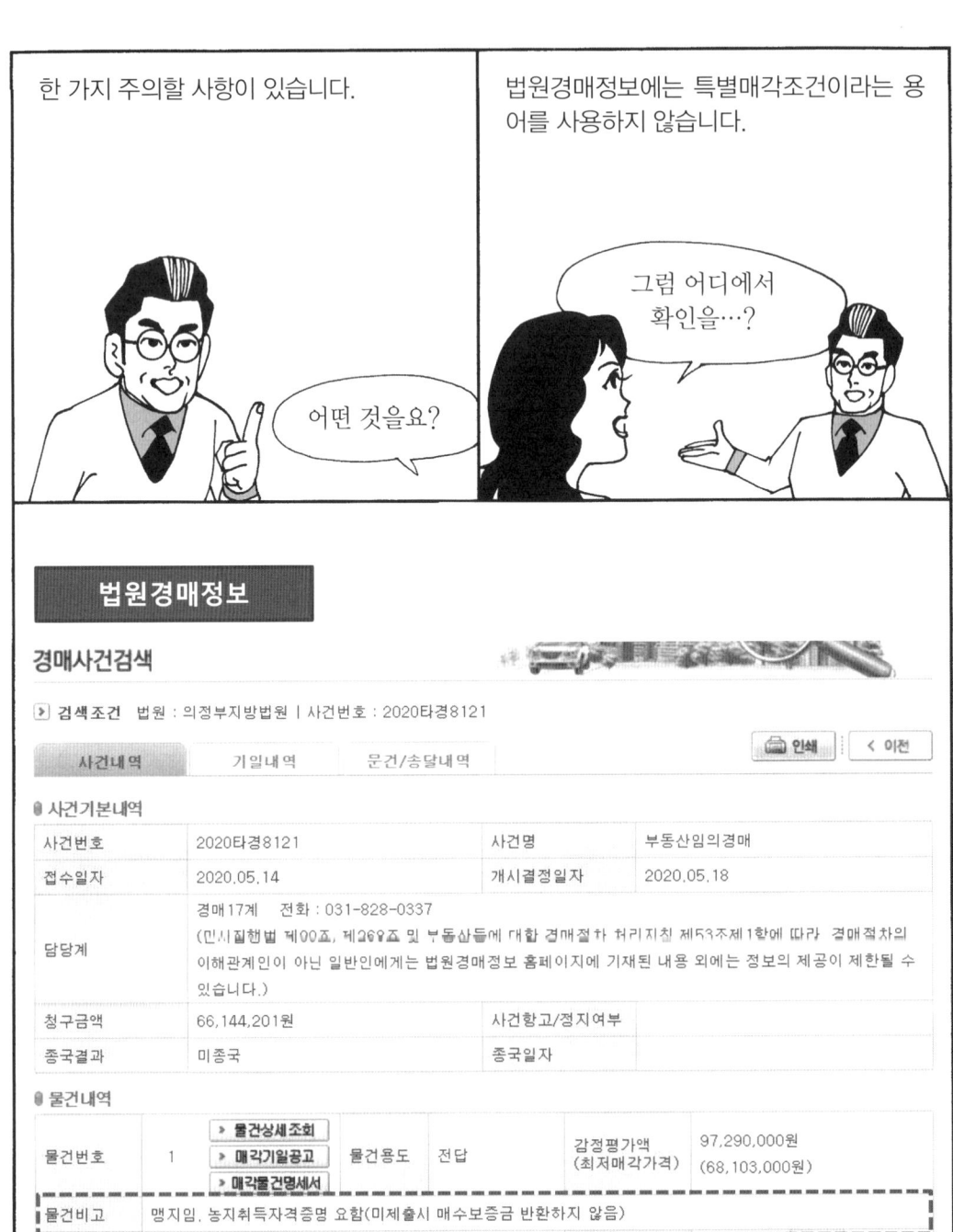

05

채권상계신청

06

경락잔금대출

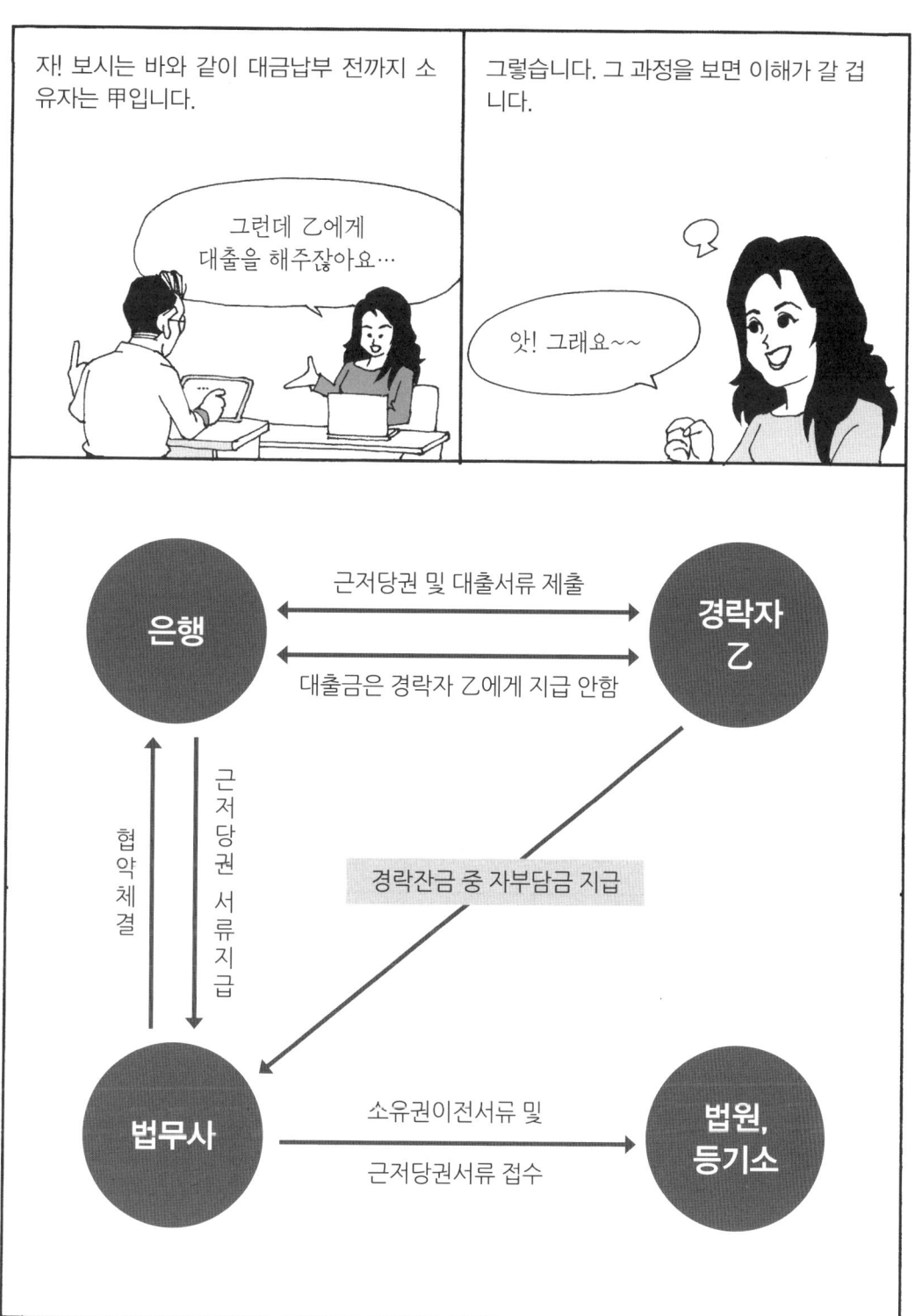

갑 구			을 구		
No	일자	권리자 및 기타사항	No	일자	권리자 및 기타사항
1	2018.10.15.	소유자 甲			
			1	2018.11.20.	근저당권 설정 (국민)
2	2019.12.18.	임의경매개시 (국민)			
3	2020.11.17. 제38625호	소유권이전 乙 (임의경매로 인한 매각)			
			2	2020.11.17. 제38626호	근저당권설정 (농협)

07

인도명령과 명도소송

구 분	인도명령	명도소송
신청시기	매각대금 납부 후 6개월 이내	매각대금 납부 후(기간규정 없음)
처리기간	신청 후 3 ~ 4주	소제기 후 6개월 이상
대상자	소유자, 채무자(채무자의 동거가족), 불법점유자, 대항력 없는 임차인, 점유보조자(피용인)	대항력 있는 임차인(배당받지 못한 세입자), 무상 점유자, 경매기입등기 이전 점유자, 유치권자

자! 인도명령과 명도소송의 차이점을 나타내면 이렇습니다.

이것 보다는 실제로 하는 것이 중요할 건데…

그건 잠시만 기다리시고…, 우리가 경락을 받아 대금납부를 하면 동시에 해야하는 것이 인도명령입니다.

왜요?

소유권이전을 본인이 직접하는 경우도 있겠지만 거의 모두가 법무사에게 의뢰합니다.

저도 법무사에게 의뢰했어요~~

소유권이전등기를 하면서 인도명령까지 요청하면 거의 모든 법무사는 별도의 비용을 청구하지 않고 해주거든요.

오호~ 그래요…

경락자로부터 경락부동산을 매수한 사람은 특별승계인 입니다.

그렇습니다. 특별승계인은 인도명령을 할 수 없기 때문에 반드시 인도명령을 끝낸 다음 매각을 해야 합니다.

그럼 특별승계인은 인도명령을 할 수 없다는…?

그렇군요…

특별승계인은 경락자의 부동산 소유권에 관한 지위를 승계했을 뿐 경락자의 집행법상의 권리, 즉 인도명령을 할 수 있는 권리까지 승계한 것이 아닙니다.

만약 이를 모르고 소유권이전을 한다면…

정말 중요하군요…

인도명령으로 끝낼 수 있는 것을 명도소송으로 해야겠군요?

그렇습니다. 그러므로 반드시 인도명령을 마친 다음 소유권을 이전해야 합니다.

자! 실전에서 인도명령을 신청하는 방법과 단계를 알아보기로 하죠.

알겠습니다.

알겠습니다~~

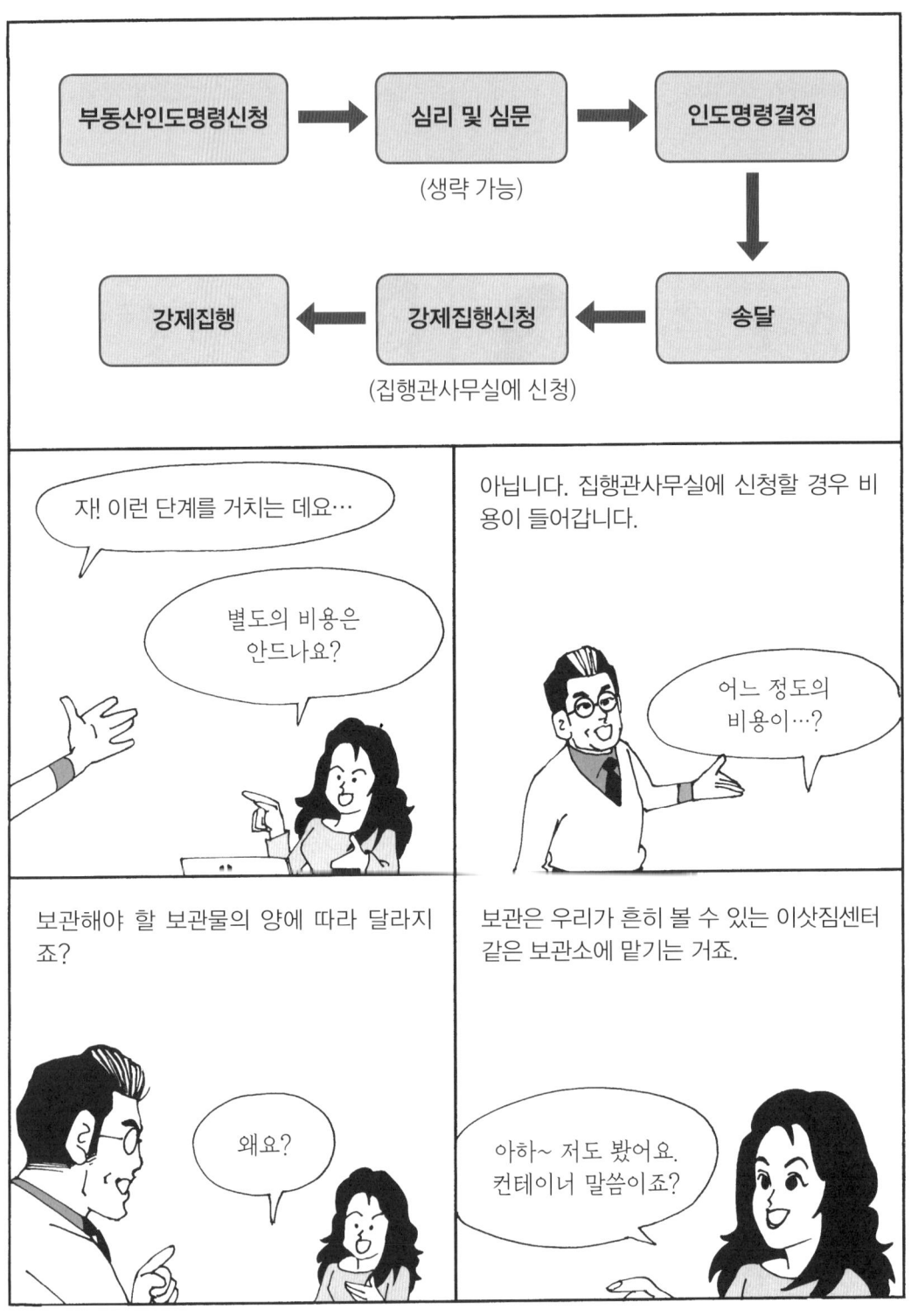

자! 이제 인도명령을 신청한 후 발생할 수 있는 사례를 보죠. 	그렇습니다. 인도나 명도소송을 하면서 자주 발생할 수 있는 경우입니다. 
그렇습니다. 이런 경우가 발생할 수 있으니까 잘 생각하시길 바랍니다. 	주택임대차보호법과 상가건물임대차보호법에서는 임대차기간의 최소기간을 정하고 있죠.
그렇습니다. 그런데 인도명령을 신청하다 보면 경락받은 부동산의 점유자가 여러가지 사정을 말하며 몇 달만 살자고 하는 경우가 있습니다. 	임차인의 사정을 봐서 임대차계약을 하고 몇 달간의 시간을 주는 경우도 있습니다. 

08

농지취득자격증명

부산고등법원 2006.12.22.선고 2006누1791판결

피고(행정기관)가 위 토지의 불법형질변경을 이유로 농지취득자격증명의 발급을 거부할 수 있는지에 관하여 보건대, 경매절차를 통하여 위 토지를 낙찰받기 위하여 농지취득자격증명을 발급받으려는 자는 위 토지를 낙찰받아 소유권을 취득하기 전에는 원상회복 등의 조치를 할 아무런 권원이 없으므로 그에게 형질변경된 부분의 복구를 요구한다는 것은 법률상 불가능한 것을 요구하는 것인 점, 불법적으로 형질변경된 농지에 대하여 농지취득자격증명의 발급을 거부한다면, 농지의 소유자가 농지를 금융기관에 담보로 제공한 후 농지를 불법으로 형질변경하거나 지상에 무허가건물을 짓는 경우에는 스스로 원상복구하지 않는 한 제3자가 이를 경락받지 못하므로 담보물권자는 농지를 환가할 수 없게 되는 점 등을 참작하면, 불법으로 형질변경된 위 토지에 대하여는 농작물의 재배가 가능한 토지로 원상복구된 후에 농지취득자격증명의 발급이 가능하다는 피고의 처분사유는 적법한 것이라고 할 수 없다(원고들이 위 토지를 취득한 다음 관할 관청에서 그 원상회복을 위한 행정조치를 취하는 것은 별개의 문제이다).

농지취득자격증명신청서

※ 뒤쪽의 신청안내를 참고하시기 바라며, 색상이 어두운 란은 신청인이 작성하지 않습니다. (앞쪽)

접수번호		접수일자		처리기간	4일 (농업경영계획서를 작성하지 않는 경우에는 2일)

농지취득자 (신청인)	① 성명(명칭)	홍 길 동		② 주민등록번호 (법인등록번호) 691223-1234567		⑤ 취득자의 구분			
	③ 주소	경기도 의정부시 호국로 1430				농업인	신규영농	주말·체험영농	법인등
	④ 전화번호	010-2766-8585						●	

취득농지의 표시	⑥ 소재지						⑩ 농지구분		
	시·군	구·읍·면	리·동	⑦ 지번	⑧ 지목	⑨ 면적(㎡)	농업진흥지역	진흥지역 밖	영농여건불리농지
							진흥구역 / 보호구역		
	포천시	소흘읍	이동교리	235	답	1,488			

⑪ 취득원인	경락				
⑫ 취득목적	농업경영 ●	주말·체험영농		농지전용	시험·연구·실습지용 등

「농지법」 제8조제2항, 같은 법 시행령 제7조제1항 및 같은 법 시행규칙 제7조제1항제2호에 따라 위와 같이 농지취득자격증명의 발급을 신청합니다.

2021년 1월 25일

농지취득자(신청인)   홍 길 동 (서명 또는 인)

시장·구청장·읍장·면장 귀하

첨부서류	1. 별지 제2호서식의 농지취득인정서(법 제6조제2항제2호에 해당하는 경우만 해당합니다) 2. 별지 제4호서식의 농업경영계획서(농지를 농업경영 목적으로 취득하는 경우만 해당합니다) 3. 농지임대차계약서 또는 농지사용대차계약서(농업경영을 하지 않는 자가 취득하려는 농지의 면적이 영 제7조제2항제5호 각 목의 어느 하나에 해당하지 않는 경우만 해당합니다) 4. 농지전용허가(다른 법률에 따라 농지전용허가가 의제되는 인가 또는 승인 등을 포함합니다)를 받거나 농지전용신고를 한 사실을 입증하는 서류(농지를 전용목적으로 취득하는 경우만 해당합니다)	수수료 : 「농지법 시행령」 제74조에 따름
담당공무원 확인사항	1. 토지(임야)대장 2. 주민등록표등본 3. 법인 등기사항증명서(신청인이 법인인 경우만 해당합니다)	

행정정보 공동이용 동의서

본인은 이 건 업무처리와 관련하여 담당공무원이 「전자정부법」 제36조제1항에 따른 행정정보의 공동이용을 통하여 위의 담당공무원 확인사항을 확인하는 것에 동의합니다. ※ 동의하지 않는 경우에는 신청인이 직접 관련서류를 제출하여야 합니다.

신청인(대표자)   홍 길 동 (서명 또는 인)

농업경영계획서

(앞쪽)

취득대상 농지에 관한 사항	①소재지			②지번	③지목	④면적(㎡)	⑤영농거리	⑥주 재배 예정 작물의 종류(가축 종류명)	⑦영농 착수시기
	시·군	구·읍·면	리·동						
	포천시	소흘읍	이동교리	235	답	1,488		고추	2021년 4월
		계							

농업 경영 노동력의 확보 방안	⑧취득자 및 세대원의 농업경영능력					
	취득자와 관계	성별	연령	직업	영농경력(년)	향후 영농여부
	처	여	45	주부	없음	영농활동
	⑨취득농지의 농업경영에 필요한 노동력확보방안					
	자기노동력		일부고용	일부위탁		전부위탁(임대)
	2명					

농업 기계·장비의 확보 방안	⑩농업기계·장비의 보유현황					
	기계·장비명	규격	보유현황	기계·장비명	규격	보유현황
			현 재	없 음		
	⑪농업기계장비의 보유 계획					
	기계·장비명	규격	보유계획	기계·장비명	규격	보유계획
			없	음		

⑫연고자에 관한 사항	연고자 성명		관계	

「농지법」 제8조제2항, 같은 법 시행령 제7조제1항 및 같은 법 시행규칙 제7조제1항제3호에 따라 위와 같이 본인이 취득하려는 농지에 대한 농업경영계획서를 작성·제출합니다.

⑬ 소유농지의 이용현황

소재지				지번	지목	면적(㎡)	주재배 작물의 종류(가축종류명)	자경여부
시·도	시·군	읍·면	리·동					
경기도	포천시	소흘읍	이동교리	235	답	1,488	고추	자경

⑭ 임차(예정)농지현황

소재지				지번	지목	면적(㎡)	주재배(예정) 작물의 종류 (가축종류명)	임차(예정)여부
시·도	시·군	읍·면	리·동					
			해당사항	없음				

⑮ 특기사항

자! 대략 이런 틀에서 작성하시면 됩니다.

알겠습니다. 이제 제가 직접 작성해서 발급받을 수 있을 거 같습니다~~

09
대위변제

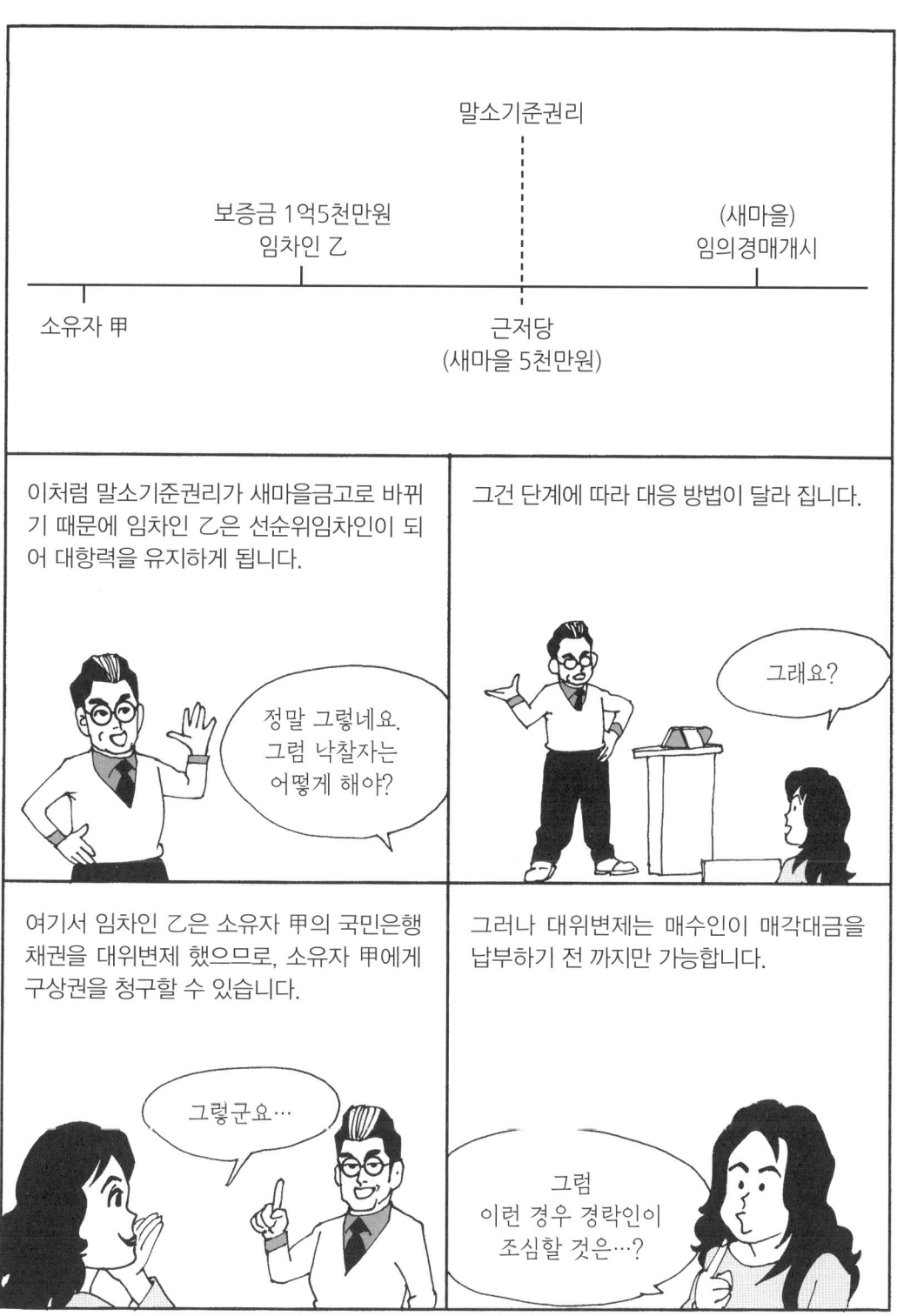

구 분	대응방안
매각허가결정 이전	매각에 대한 이의신청 및 매각불허가 신청
매각허가결정이후 ~ 매각허가결정 확정 이전	매각허가에 대한 이의신청 및 매각허가에 대한 즉시 항고
대금납부 전	매각허가결정에 대한 취소 신청 또는 소유권을 이전 받기 원한다면 대금감액 신청
대금납부 후 ~ 배당기일 이전	배당절차 정지 신청
배당기일 이후	부당이득 반환청구의 소

10

차순위매수신고

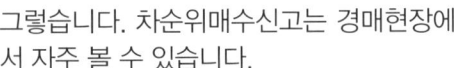

자! 이제 차순위매수신고에 대하여 알아보겠습니다.  차순위매수신고요?	그렇습니다. 차순위매수신고는 경매현장에서 자주 볼 수 있습니다.  그래요…?
차순위매수신고는 경매에서 1등을 하지 못한 사람이 경매사건의 종료 전까지 집행관에게 매수를 차순위로 신고하는 것을 말하는데…  아하! 수석, 차석 ~~	그렇습니다. 1등을 놓친 사람이 매수신고를 하는 것을 말합니다.  헐~ 경매에서 1등을 못했다고 실망할 일은 아닌데요…
그런데 차수위매수신고라고 해서 반드시 2등을 한 사람만 신청하는 것으로 착각을 하시는데…  그럼 2등이 아닌 3등, 4등도 할 수 있다는…?	그렇습니다. 민사집행법 제114조에서는 "최고가매수신고인 외의 매수신고인은…"이라고 나와 있습니다.  "최고가매수신고인 외"라면…?

입찰현황	
甲	3억 6천만원
乙	3억 5천만원
丙	3억 4천만원
乙	3억 2천만원

자! 이렇게 응찰했을 경우 차순위매수신고에 대해서 알아보죠.

누가 차순위매수신고를 할 수 있죠?

이럴 경우 최고가매수인은 甲입니다.

당연하잖아요…

이런 경우 집행관은 이렇게 말을 합니다.

자! 2020타경 5678호는 의정부시 금오동에 거주하는 甲이 최고가매수인이 되었습니다. 차순위매수신고하실 분 계신가요?

이때 차순위매수신고가 가능한 사람은 乙과 丙입니다.

3억 3천만원 > 3억 6천만원 - 3천만원

3억 3천만원 이상이라 그렇죠?

그렇습니다. 3억 3천만원 이상으로 응찰한 사람만 차순위매수신고를 할 수 있으니까 乙과 丙만이 할 수 있죠.

그럼 乙이 차순위매수신고를 안하면…

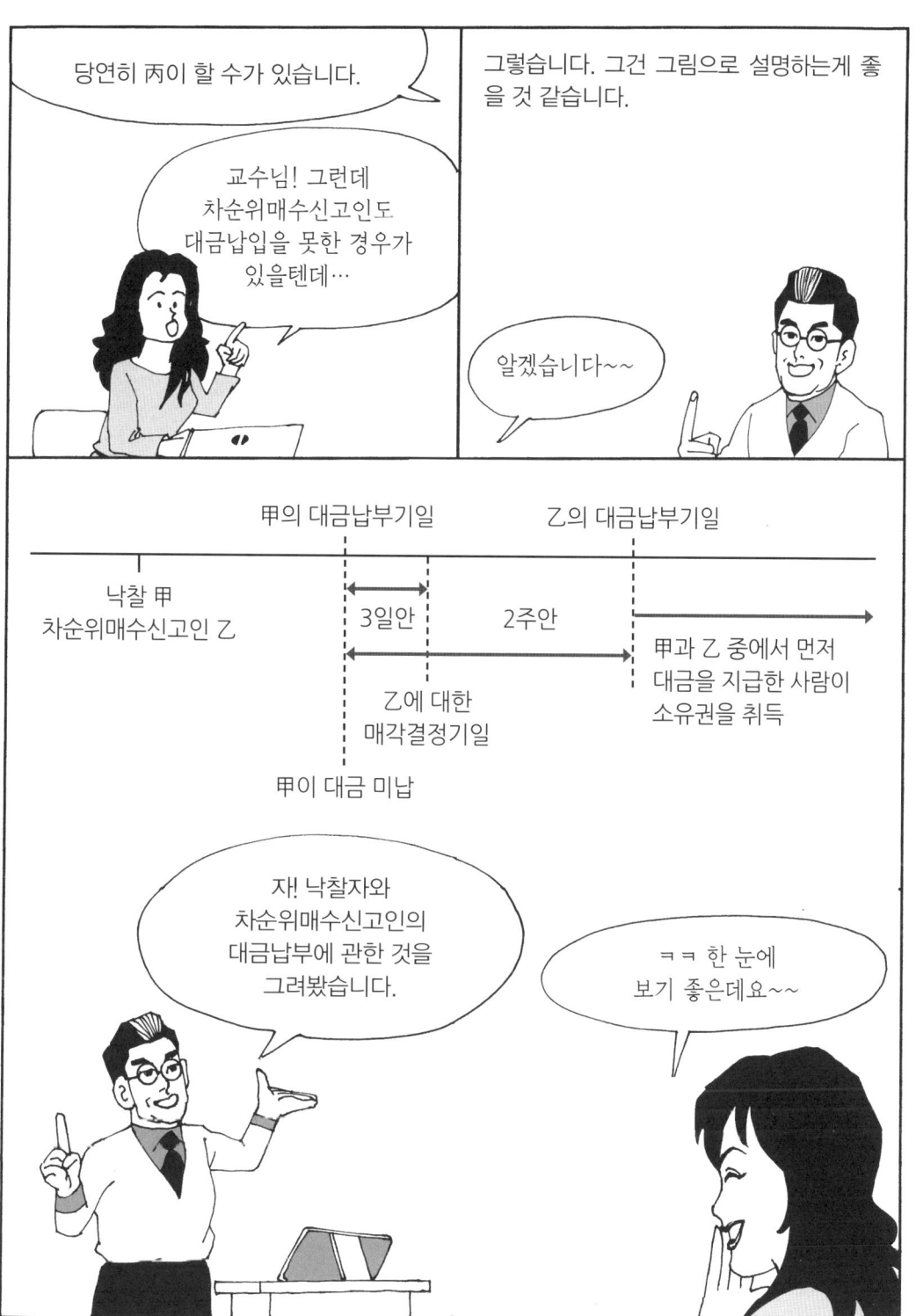

11

주택 및 상가건물 임대차보호법

수도권정비계획법 시행령 【별표 1】

과밀억제권역, 성장관리권역 및 자연보전권역의 범위(제9조 관련)

과밀억제권역	성장관리권역	자연보전권역
1. 서울특별시 2. 인천광역시[강화군, 옹진군, 서구 대곡동·불로동·마전동·금곡동·오류동·왕길동·당하동·원당동, 인천경제자유구역(경제자유구역에서 해제된 지역을 포함한다) 및 남동 국가산업단지는 제외한다] 3. 의정부시 4. 구리시 5. 남양주시(호평동, 평내동, 금곡동, 일패동, 이패동, 삼패동, 가운동, 수석동, 지금동 및 도농동만 해당한다) 6. 하남시 7. 고양시 8. 수원시 9. 성남시 10. 안양시 11. 부천시 12. 광명시 13. 과천시 14. 의왕시 15. 군포시 16. 시흥시[반월특수지역(반월특수지역에서 해제된 지역을 포함한다)은 제외한다]	1. 인천광역시[강화군, 옹진군, 서구 대곡동·불로동·마전동·금곡동·오류동·왕길동·당하동·원당동, 인천경제자유구역(경제자유구역에서 해제된 지역을 포함한다) 및 남동 국가산업단지만 해당한다] 2. 동두천시 3. 안산시 4. 오산시 5. 평택시 6. 파주시 7. 남양주시(별내동, 와부읍, 진전읍, 별내면, 퇴계원면, 진건읍 및 오남읍만 해당한다) 8. 용인시(신갈동, 하갈동, 영덕동, 구갈동, 상갈동, 보라동, 지곡동, 공세동, 고매동, 농서동, 서천동, 언남동, 청덕동, 마북동, 동백동, 중동, 상하동, 보정동, 풍덕천동, 신봉동, 죽전동, 동천동, 고기동, 상현동, 성복동, 남사면, 이동면 및 원삼면 목신리·죽릉리·학일리·독성리·고당리·문촌리만 해당한다)	1. 이천시 2. 남양주시(화도읍, 수동면 및 조안면만 해당한다) 3. 용인시(김량장동, 남동, 역북동, 삼가동, 유방동, 고림동, 마평동, 운학동, 호동, 해곡동, 포곡읍, 모현면, 백암면, 양지면 및 원삼면 가재월리·사암리·미평리·좌항리·맹리·두창리만 해당한다) 4. 가평군 5. 양평군 6. 여주시 7. 광주시 8. 안성시(일죽면, 죽산면 죽산리·용설리·장계리·매산리·장릉리·장원리·두현리 및 삼죽면 용월리·덕산리·율곡리·내장리·배태리만 해당한다)

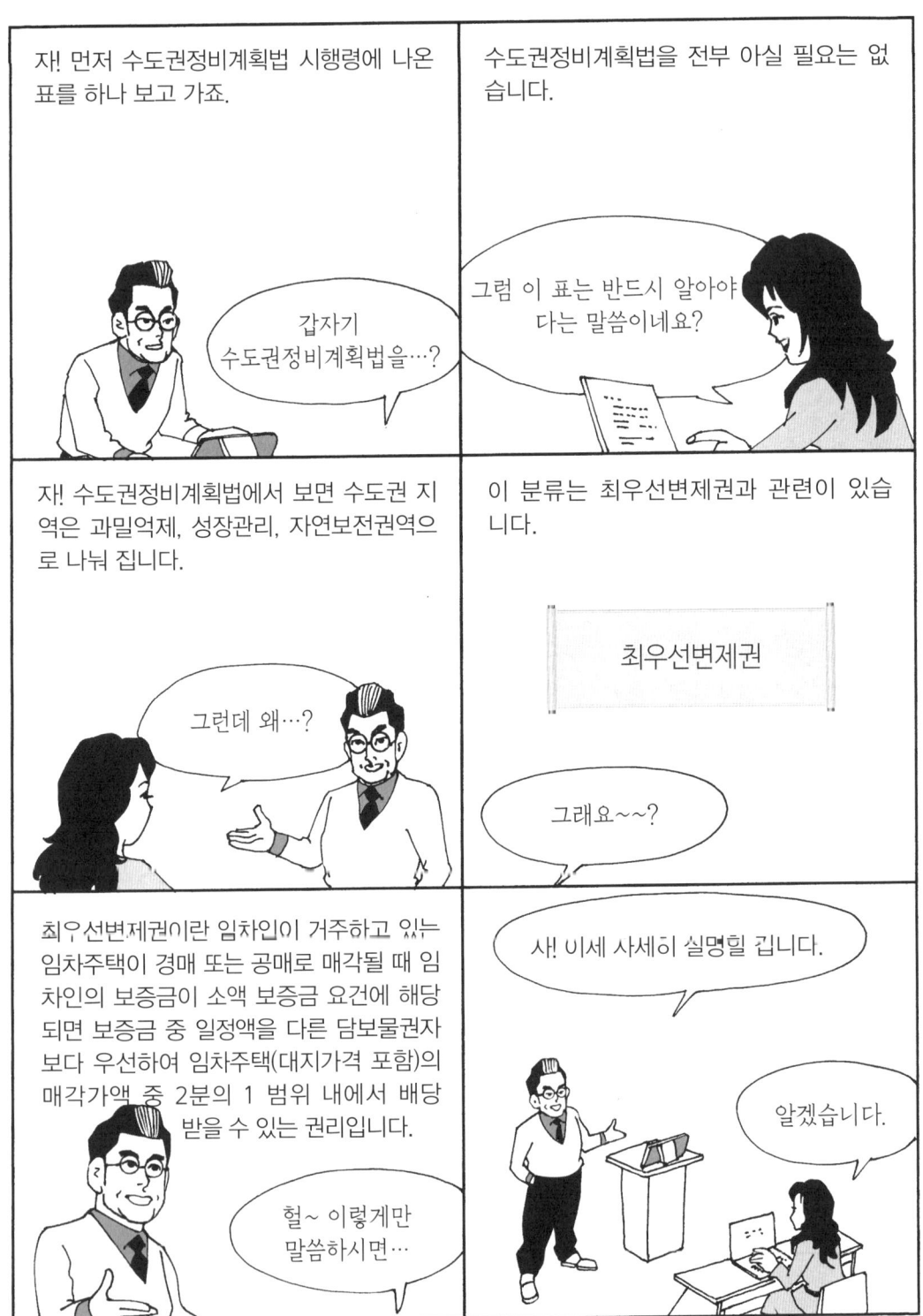

선순위근저당권	지 역	보증금액	최우선변제액
1984.01.01.~1987.11.30.	특별시·직할시	300만원 이하	최대 300만원
	기타지역	200만원 이하	최대 200만원
1987.12.01.~1990.02.18.	특별시·직할시	500만원 이하	최대 500만원
	기타지역	400만원 이하	최대 400만원
1990.02.19.~1995.10.18.	특별시·직할시	2,000만원 이하	최대 700만원
	기타지역	1,500만원 이하	최대 500만원
1995.10.19.~2001.09.14.	특별시·직할시	3,000만원 이하	최대 1,200만원
	기타지역	2,000만원 이하	최대 800만원
2001.09.15.~2008.08.20.	서울시·수도권 중 과밀억제권역	4,000만원 이하	최대 1,600만원
	광역시 (인천·군지역 제외)	3,500만원 이하	최대 1,400만원
	기타지역	3,000만원 이하	최대 1,200만원
2008.08.21.~2010.07.25.	서울시·수도권 중 과밀억제권역	6,000만원 이하	최대 2,000만원
	광역시 (인천·군지역 제외)	5,000만원 이하	최대 1,700만원
	기타지역	4,000만원 이하	최대 1,400만원
2010.07.26.~2013.12.31.	서울시	7,500만원 이하	최대 2,500만원
	과밀억제권역 (서울시 제외)	6,500만원 이하	최대 2,200만원
	광역시(군지역 제외) 안산,용인,김포,광주	5,500만원 이하	최대 1,900만원
	기타지역	4,000만원 이하	최대 1,400만원

선순위근저당권	지역	보증금액	최우선변제액
2014.01.01.~2016.03.30.	서울시	9,500만원 이하	최대 3,200만원
	과밀억제권역 (서울시 제외)	8,000만원 이하	최대 2,700만원
	광역시(군지역 제외) 안산,용인,김포,광주	6,000만원 이하	최대 2,000만원
	기타지역	4,500만원 이하	최대 1,500만원
2016.03.31.~2018.09.17.	서울시	1억원 이하	최대 3,400만원
	과밀억제권역 (서울시 제외)	8,000만원 이하	최대 2,700만원
	광역시(군지역 제외) 안산,용인,김포,광주,세종	6,000만원 이하	최대 2,000만원
	기타지역	5,000만원 이하	최대 1,700만원
2018.09.18.~현재	서울시	1억 1천만원 이하	최대 3,700만원
	과밀억제권역 (서울시 제외)세종,용인,화성	1억원 이하	최대 3,400만원
	광역시(군지역 제외) 안산,김포,광주,파주	6천만원 이하	최대 2,000만원
	기타지역	5천만원 이하	최대 1,700만원

자! 이 표는 각 년도별 최우선변제금을 받을 수 있는 보증금액과 최우선변제액을 정리한 겁니다.

년도별로 다르네요?

그렇습니다. 물가가 오르다 보니 보증금액과 최우선변제액도 오르는 거죠.

그렇군요.

대항력의요건

주택임대차보호법상의 대항력 = ①주민등록이전 + ②주택의인도(점유)

상가건물임대차보호법 = ①상가건물의인도(점유) + ②사업자등록의신청

자! 대항력의 요건은 인도와 점유, 주민등록의 이전이나 사업자등록의 신청입니다.

우선변제권의 요건은 이런 대항력의 요건 외에 확정일자를 받아야 합니다.

그럼 우선변제권의 요건은…?

그래요…?

우선변제권의요건

① 대항력요건을 갖출 것

② 확정일자를 받을 것

③ 배당요구의 종기까지 배당요구를 하였을 것

④ 배당요구의 종기까지 대항력을 유지할 것

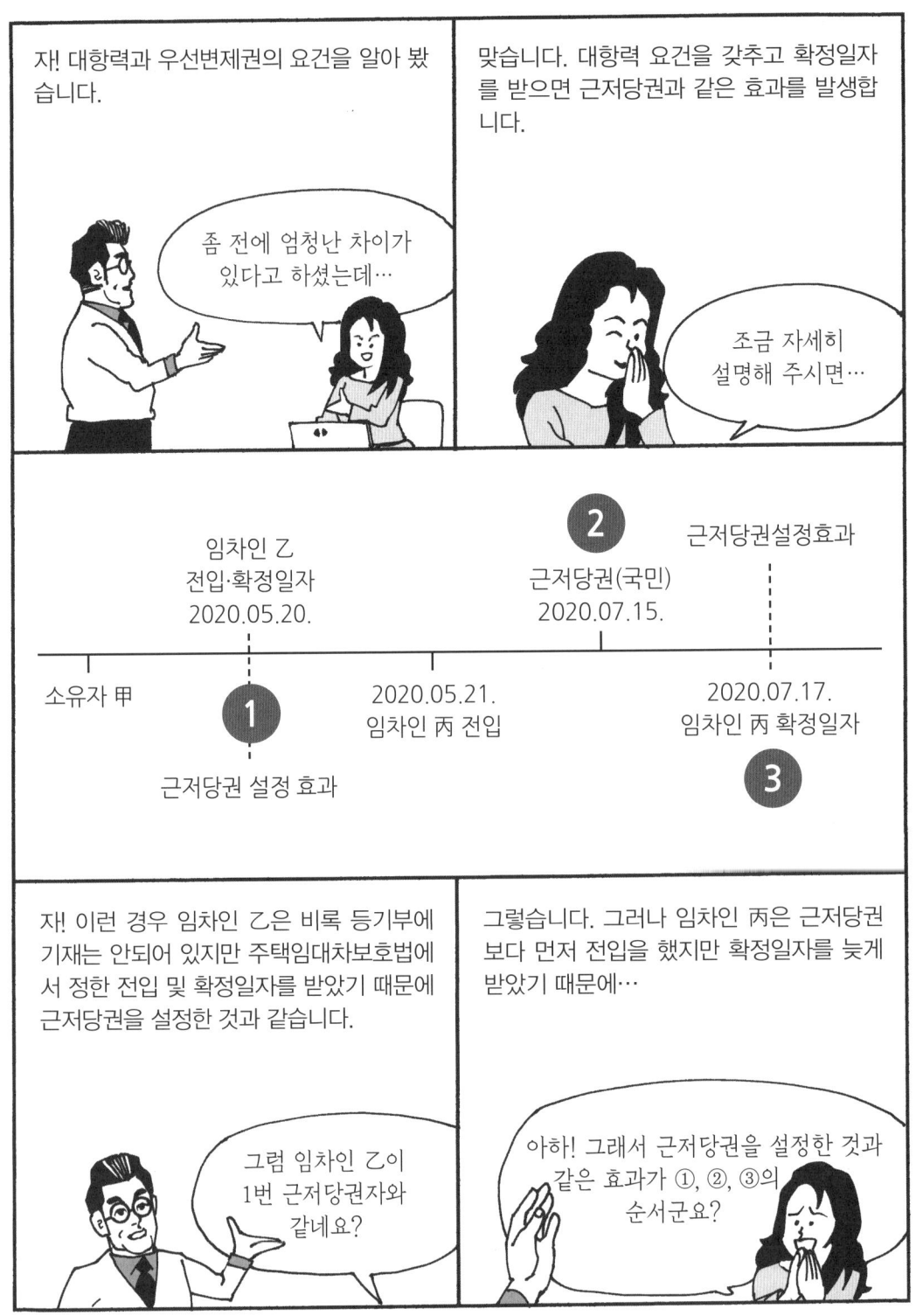

| 임차인 乙 확정일자 2020.05.21. | 근저당(국민) 2020.06.26. | 임차인 乙 전입 2020.07.01. |

| 2020.05.20. 임차인 甲 전입 | 2020.06.24. 임차인 甲 확정일자 | 2020.06.29. 임차인 丙 전입, 확정 |

말소기준권리

그렇습니다. 임차인 乙은 말소기준권리인 2020.06.26.의 근저당권보다 먼저 확정일자를 받았지만 전입은 2020.07.01.에 했습니다. "임대차계약을 하고 확정일자를 즉시 받은 거 같은데요?"	맞습니다. 보통 이사하기 전에 임대차계약을 하고 전입은 며칠 뒤에 하는 경우가 있습니다. "그런 경우는…?"
말소기준권리 보다 확정일자를 먼저 받았어도 대항력 요건은 전입일자입니다. "그렇다면 분석을 어떻게…?"	乙은 미리 확정일자를 받았으므로 2020.07.01. 대항력을 갖고 우선변제권 요건, 즉 근저당권을 설정한 효력이 발생합니다. "그럼 말소기준권리 보다 후순위네요?"
그렇습니다. 그러므로 대항력도 없고, 인도명령 대상입니다. "그렇다면 丙은?"	丙은 2020.06.29.에 전입, 확정일자를 받았으므로 말소기준권리 보다 후순위입니다. "그렇다면 이런 경우 배당은…?"

甲, 乙, 丙이 모두 배당요구를 했고, 소액임차인에 속한다면…

甲은 최선순위이므로 소액임차인에 속하지 않아도 되죠?

와우 그렇습니다. 이런 경우 배당은 이렇습니다.

어떻게요?

배당순위	구 분	
1	甲	전액 배당
2	乙, 丙	매각가액의 1/2범위 내에서 최우선변제액 배당
3	근저당	배당(배당금 잔액이 있다면)
4	丙	
5	乙	

자! 이렇게 甲, 丙, 乙의 순서로 배당을 한 다음 근저당권자에게 배당을 하고 잔액이 있다면 丙, 乙에게 배당을 하죠.

알겠습니다.

자! 이제 대항력 발생시기에 대하여 알아보죠.

대항력 발생시기

대항력은 주민등록을 이전하거나 사업자등록을 신청한 다음날 0시에 발생합니다.

알겠습니다.

보통 "익일 0시"라고 하던데 왜 그렇죠?

주택임대차보호법과 상가건물임대차보호법의 비교

구 분	주택임대차보호법	상가건물임대차보호법
대항력요건	주민등록이전 + 주택의인도(점유)	상가건물의 인도(점유) + 사업자등록신청
확정일자 기관	법원, 등기소, 공증인사무소, 주민자치센터	관할 세무서
대항력 발생시기	주민등록을 이전한 다음날 0시	사업자등록을 신청한 다음날 0시
우선변제권 요건	대항력 요건 + 확정일자	
최우선변제권	① 보증금이 소액일 것 ② 경매기입등기 전에 대항력 요건을 갖출 것 ③ 배당요구종기일까지 배당요구를 할 것	
임대차기간 약정	약정이없거나 2년미만일때 2년	약정이없거나 1년미만일때 1년
최우선변제금	매각가격의 2분의 1 이내에서 변제	매각가격의 2분의 1 이내에서 변제

자! 이제 임차보증금 계산의 이중성에 대하여 알아보죠.

주택과 상가건물임대차보호법에서는 임차보증금을 계산할 때 차이가 있습니다.

임차보증금 계산의 이중성

이중성이요?

어떤 차이점이…

환산보증금의 계산

구 분	임차보증금	월 세
주택 임대차보호법	포함	불포함
상가건물 임대차보호법	포함	포함

자! 여기에서 보는 바와 같이 환산보증금을 계산하는 방법에 차이점이 있습니다.

그렇다면…

임차보증금이 1,000만원, 월세가 100만원일 경우를 생각해보면…

주택은 월세를 포함하지 않으니 환산보증금은 1,000만원이 맞죠?

맞습니다. 그런데 상가는 월세에 100을 곱해서 계산해야 하니 환산보증금은 "임차보증금(1,000만원) + 월세(100만원)x100"으로 1억 1천만원이 됩니다.

헐~ 그렇군요.

그러므로 주택과 상가의 환산보증금을 계산할 때는 주의해야 합니다.

알겠습니다.

담보물권 설정일	구 분	환산보증금	소액임차 보증금	최우선변제금
2002.11.01. ~ 2008.08.20.	서울특별시	2억4천만원 이하	4,000만원 이하	1,350만원까지
	수도권 과밀억제권역	1억9천만원 이하	3,900만원 이하	1,170만원까지
	광역시 (인천시, 군지역 제외)	1억5천만원 이하	3,000만원 이하	900만원까지
	기타지역	1억4천만원 이하	2,500만원 이하	750만원까지
2008.08.21. ~ 2010.07.25.	서울특별시	2억6천만원 이하	4,500만원 이하	1,350만원까지
	수도권 과밀억제권역	2억1천만원 이하	3,900만원 이하	1,170만원까지
	광역시 (인천, 군지역 제외)	1억6천만원 이하	3,000만원 이하	900만원까지
	기타지역	1억5천만원 이하	2,500만원 이하	750만원까지
2010.07.26. ~ 2013.12.31.	서울특별시	3억원 이하	5,000만원 이하	1,500만원까지
	수도권 과밀억제권역	2억5천만원 이하	4,500만원 이하	1,350만원까지
	광역시(과밀억제권역과 군지역 제외) 안산, 용인, 김포, 광주시	1억8천만원 이하	3,000만원 이하	900만원까지
	기타지역	1억5천만원 이하	2,500만원 이하	750만원까지
2014.01.01. ~ 2018.01.25.	서울특별시	4억원 이하	6,500만원 이하	2,200만원까지
	수도권 과밀억제권역	3억원 이하	5,500만원 이하	1,900만원까지
	광역시(과밀억제권역과 군지역 제외) 안산, 용인, 김포, 광주시	2억4천만원 이하	3,800만원 이하	1,300만원까지
	기타지역	1억8천만원 이하	3,000만원 이하	1,000만원까지

담보물권 설정일	구 분	환산보증금	소액임차 보증금	최우선변제금
2018.01.26. ~ 2019.04.01.	서울특별시	6억1천만원 이하	6,500만원 이하	2,200만원 이하
	과밀억제권역 및 부산광역시	5억원 이하	5,500만원 이하	1,900만원 이하
	광역시(과밀억제권역 및 부산광역시 제외), 세종, 파주, 화성, 안산, 용인, 김포, 광주시	3억9천만원 이하	3,800만원 이하	1,300만원 이하
	기타지역	2억7천만원 이하	3,000만원 이하	1,000만원 이하
2019.04.02. ~ 현재	서울특별시	9억원 이하	6,500만원 이하	2,200만원 이하
	과밀억제권역 및 부산광역시	6억9천만원 이하	5,500만원 이하	1,900만원 이하
	광역시(과밀억제권역 및 부산광역시 제외), 세종, 파주, 화성, 안산, 용인, 김포, 광주시	5억4천만원 이하	3,800만원 이하	1,300만원 이하
	기타지역	3억7천만원 이하	3,000만원 이하	1,000만원 이하

자! 위의 표는 상가건물임대차보호법에서 정한 환산보증금 및 최우선변제금입니다.

아하~ 그렇군요.

지금까지 주택 및 상가건물임대차법과 관련한 내용을 알아보았습니다.

그럼 이제 나 끝난건가요?

아닙니다. 아직 여러가지가 남았습니다.

헐~ 그래요?

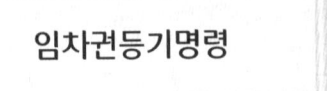

【 을 구 】				(소유권 이외의 권리에 관한 사항)
순위번호	등기목적	접 수	등기원인	권리자 및 기타사항
1	근저당권설정	1998년 1월 23일 제1283호	1998년 1월 23일 설정계약	채권최고액 금350,000,000원정 채무자 김부채 　서울 서대문구 냉천동 39 근저당권자 주식회사 국민은행 　서울 중구 남대문로2가 　9-1 (독립문지점)
2	주택임차권	2003년 4월 23일 제10099호	2003년 3월 29일 서울중앙지방법원의 임차권등기명령(2003카기46)	임차보증금 금45,000,000원 임대차계약일자 1997년 7월30일 주민등록일자 1997년 11월 28일 점유개시일자 1997년 11월 28일 확정일자 1998년 3월 23일

일반적인 등기라면 순위번호로 우선권을 갖는다고 봐야 합니다.

그렇다면 임차권등기는…?

자! 주택임차권등기는 을구 2번에 있어 1번 근저당권 보다 후순위입니다.

그럼 어떻게 분석을…?

자! 여기에서 임차권등기가 된 주택에 임차인 乙이 전입한 경우인데…임차인 乙도 최우선변제권이 있는지…

아닙니다. 그렇다면 근저당권자 및 임차권등기자에게 불이익을 주는 결과가 발생할 수 있습니다.

배당금은 한정되어 있는데 임차인 乙이 최우선변제를 받는다면…

그래서 이런 경우에는 최우선변제권은 없고, 오직 순위에 따른 우선변제권만 있습니다.

또 한가지 어려움은 임차권등기 자체로는 경매신청권이 없다는 것입니다.

당연히 임대인을 상대로 소액심판이나 지급명령을 신청하여 확정판결을 받아 신청해야 합니다.

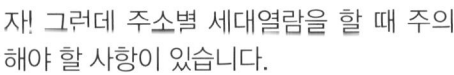

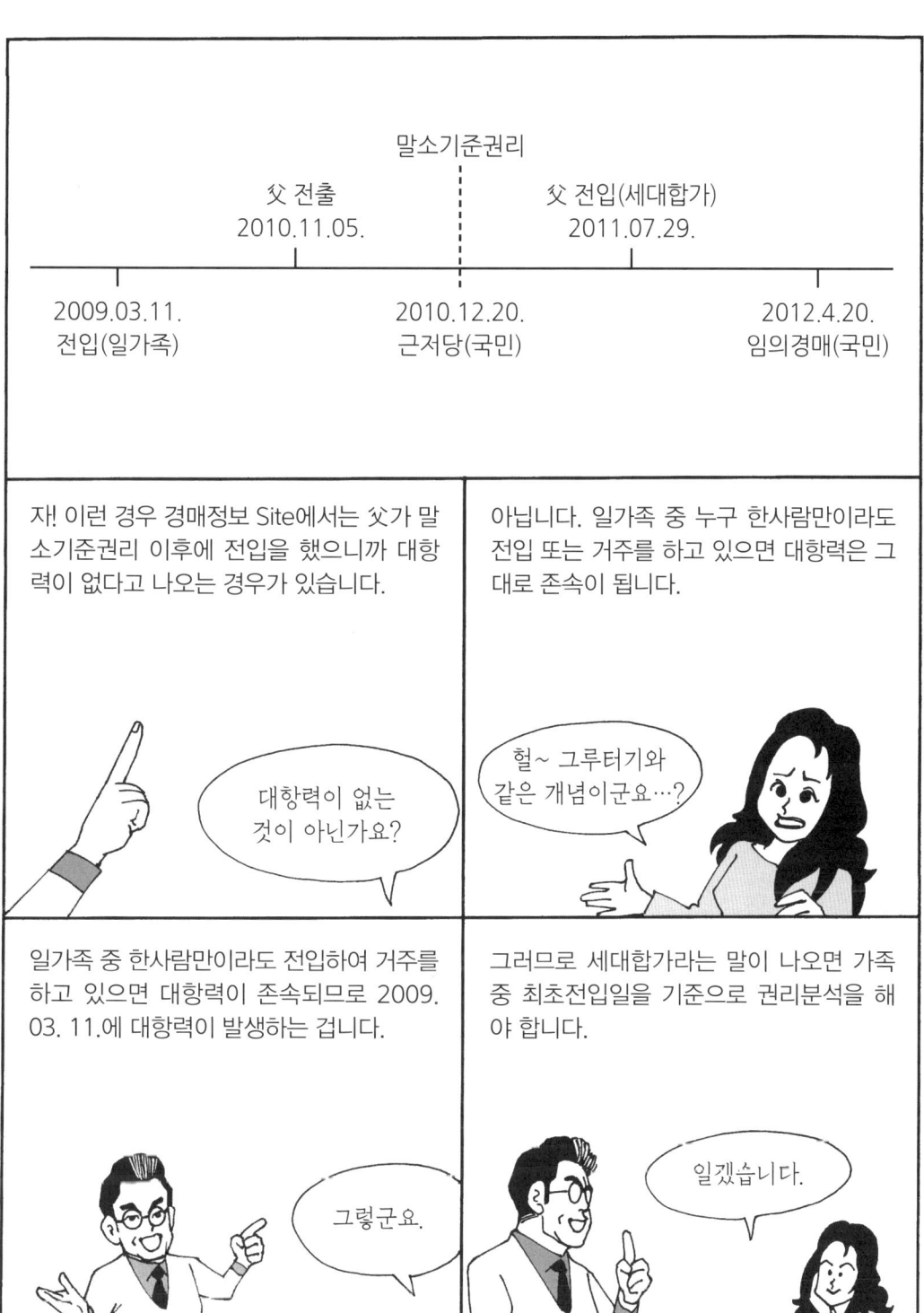

이런 경우 임차인 겸 전세권설정자 甲이 어떤 자격으로 배당요구를 신청했는지를 잘 봐야 합니다.

만약 甲이 임차인으로서 배당요구를 했다면 선순위전세권은 말소되지 않습니다.

그렇습니다. 또한 甲이 선순위전세권자로서 배당요구를 했다면 전세권은 소멸되지만 임차인으로서의 지위는 그대로 유지됩니다.

그렇습니다. 그러므로 甲과 같이 전세권자 겸 임차인으로서의 지위를 함께 가지고 있다면 매우 조심해야 합니다.

이는 대법원 판례에도 잘 나와 있습니다.

대법원 2010.6.24.선고 2009다 40790판결

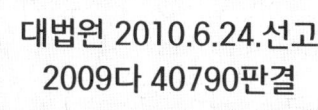

이 판례에서는 전세권과 임차인으로서의 권리는 근거규정 및 성립요건을 달리하는 별개의 권리라고 했습니다.

자! 이제 전세권자의 경매신청에 대하여 알아보죠.

전세권자의 경매신청

전세권자는 모두 경매를 신청할 수 있는 게 아닌가요?

아닙니다. 건물이나 주택 전부에 대하여 전세권을 설정했다면 임의경매를 신청할 수 있지만…

그럼 일부만 전세권을 설정했다면…

그런 경우는 채무명의를 얻어서 강제경매를 신청해야 합니다.

 알겠습니다.

구 분	전세권	(주택)임차권
공시방법	건물등기부등본에 기재	임대차계약서에 확정일자로 기재
기재방법	임대인의 동의가 필요	임차인 단독으로 가능
거주요건	거주 및 전입신고는 요건 아님	거주 및 전입신고가 요건
경매신청 가능여부	소송 없이 바로 경매신청 가능	지급명령등 판결문 받아야 가능
대항력 기산일	전세권 설정일	주택인도, 전입신고 익일 0시
우선변제권 기산일	전세권 설정일	대항력과 확정일자 중 늦은 날
최우선변제권	없음	일정액 가능
배당금 부족시	선순위일지라도 배당 신청하면 매수인이 인수 안함	선순위시 매수인 인수

자! 이제 임대차보증금의 증감이 있는 경우를 보고 가죠.

임대차보증금의 증감이 있다면 그 소액임차인의 판단시점은 어떻게…?

판례에 의하면 배당시의 임대차보증금이라고 하고 있죠.

배당시의 임대차보증금

배당시 임대차보증금으로 판단을 하는군요…

이와 관련해서는 두개의 판례를 참고하시면 좋을 겁니다.

대구지법 2004.3.31.선고
2003가단134010판결
대법원 2008.5.15.선고
2007다23203판결

알겠습니다.

자! 이제 대항력과 우선변제권의 여러가지 사례를 보기로 하죠.

알겠습니다.

① 확정일자 〉 근저당권 〉 전입, 인도 ⇒ 대항력없음

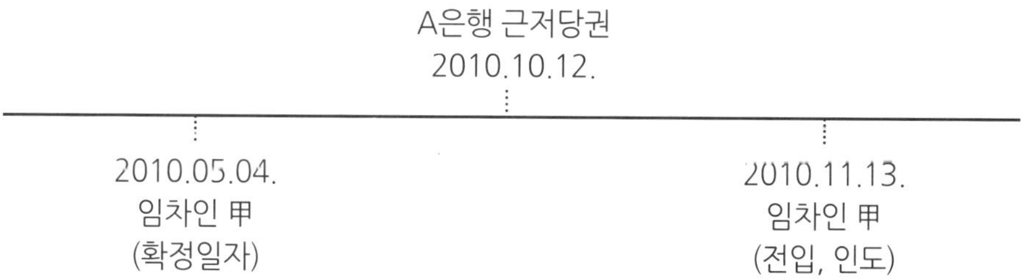

A은행 근저당권
2010.10.12.

2010.05.04.
임차인 甲
(확정일자)

2010.11.13.
임차인 甲
(전입, 인도)

② 전입, 인도 > 근저당권 ⇒ 대항력 있음

③ 전입, 인도 > 근저당권 > 확정일자 ⇒ 대항력 있으나 우선변제권은 없음

단, 임차인은 대항력이 있으므로 배당에서 부족분은 낙찰자가 인수한다.

④ 전입, 인도 > 확정일자 > 근저당권 ⇒ 대항력과 우선면제권 모두 있음

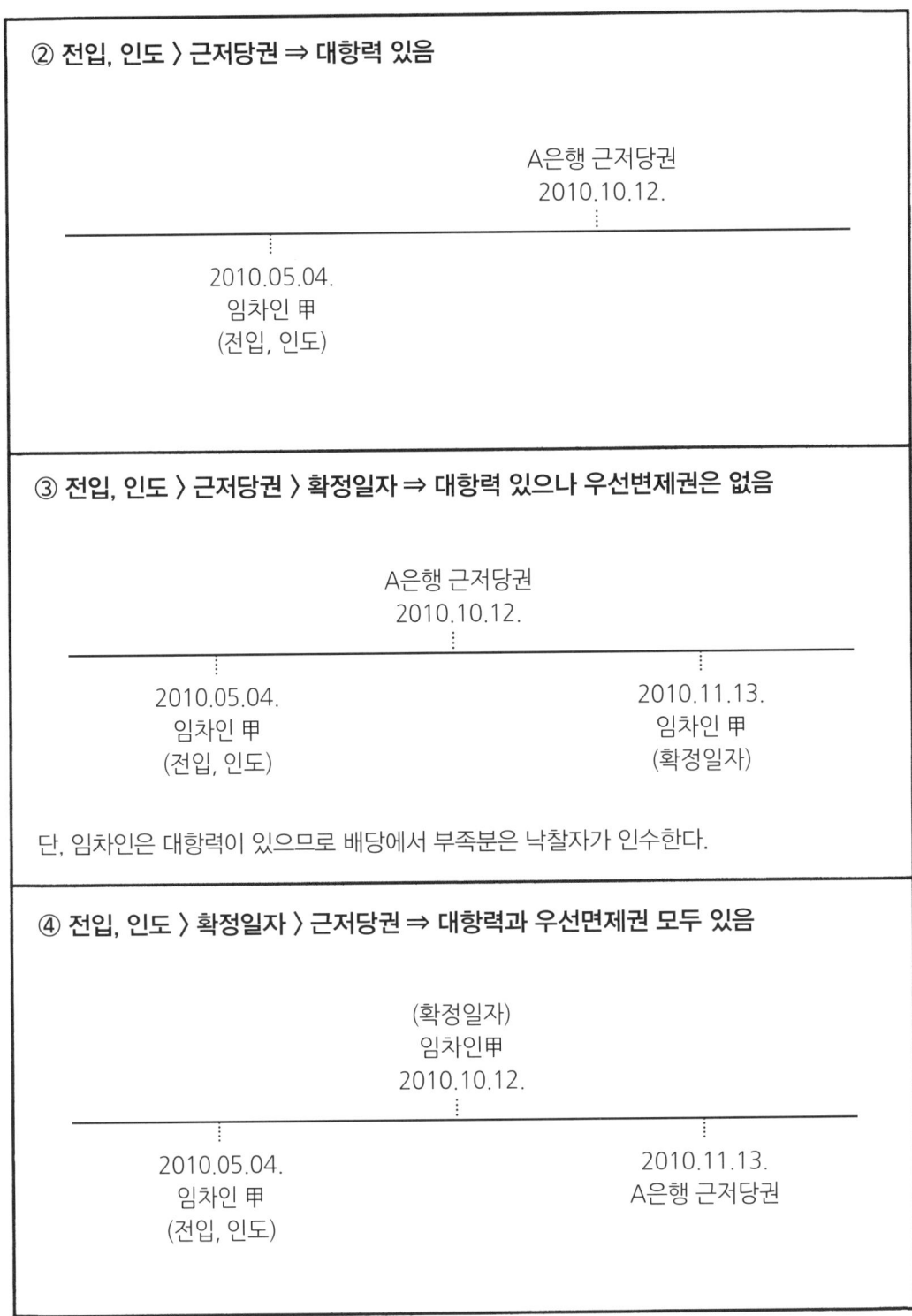

⑤ 전입, 인도 〉 확정일자 = 근저당권 ⇒ 안분배당 받고, 부족분은 낙찰자가 인수

```
                                        임차인甲(확정일자)
                                          2010.10.12.
_____
      2010.05.04.
       임차인 甲
      (전입, 인도)
```

⑥ 전입, 인도 = 확정일자 = 근저당권 ⇒ 우선변제권과 대항력 없음

```
                       A은행 근저당권
_____
                         2010.10.12.
                          임차인 甲
                     (전입, 인도, 확정일자)
```

임차인 甲의 대항력은 2010.10.13. 0시, 그러므로 임차인 甲은 인도명령 대상

자! 임차인의 대항력과 관련하여 여러 사례를 살펴보았습니다. 정말 분석이 중요한 거 같습니다.	자! 이제 경락인을 울리는 전전대와 관련하여 살펴보기로 하죠. **임차권의 전전대** 전전대요…?

12

체납공과금의 낙찰자 부담

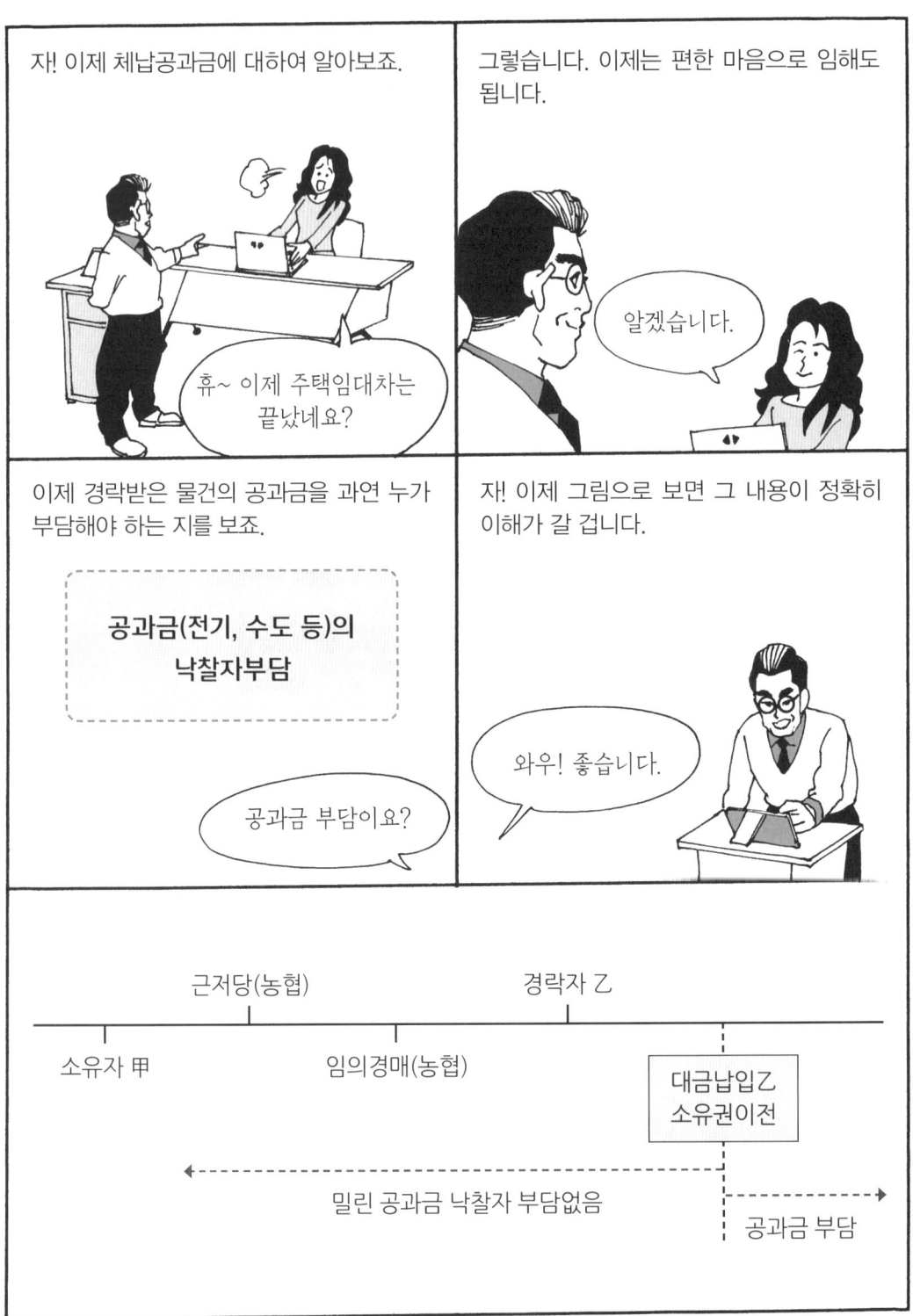

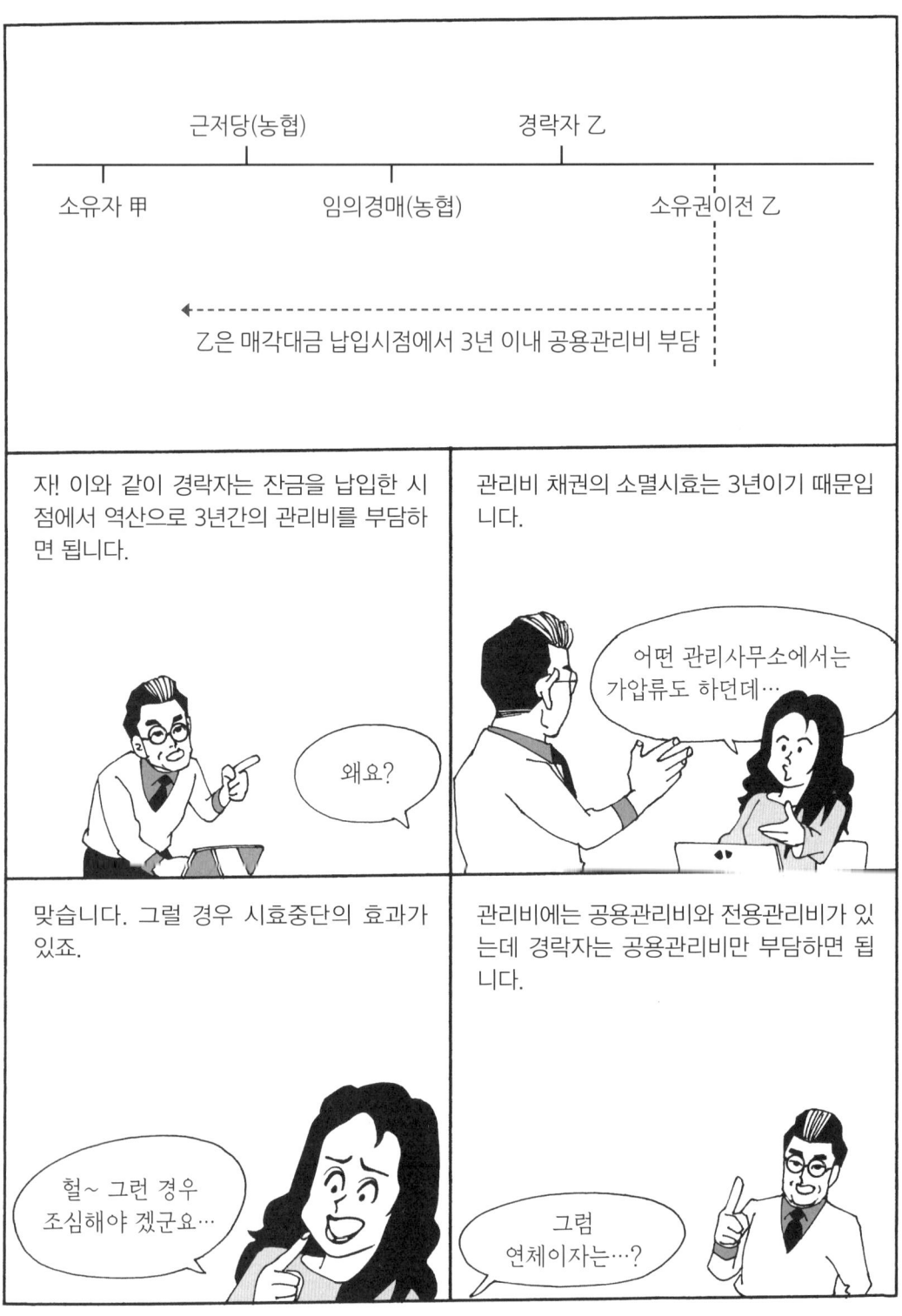

밀린관리비 중 공용관리비 원금만 부담하면 됩니다.

그런데 이런 판례가 있음에도 불구하고 막무가내로 입주를 방해하는 경우가 있습니다.

미리 내용증명을 한 통 보내고 밀린관리비를 납부한다음…

반환청구소송을 하면 됩니다.

또한 관리비 통장에 가압류 등을 하면 관리사무실에 엄청난 압박을 가할 수 있겠죠.

자! 이제 대금납부 전 매매에 대하여 알아보죠.

13

대금납부 전 매매

14

감정평가서 보는 방법

(토지·건물)감정평가표

본 감정평가서는 감정평가에 관한 법규를 준수하고 감정평가이론에 따라 성실하고 공정하게 작성하였기에 서명날인합니다.

감정평가사　성　춘　향 (인)

감 정 평 가 액		金칠억사천오백만원정(₩745,000,000.-)				
평 가 의 뢰 인		서울남부지방법원 사법보좌관 홍길동	감정평가목적		법원경매	
채 무 자		나 채 무	제출처		서울동부지방법원 경매3계	
소유자 또는 대상업체명		나 채 무 (2020타경1234)	평 가 조 건		-	
물건목록 표시근거		귀 제시목록	가격시점 2020.05.29.	조사기간 2020.05.29.	작성일자 2020.05.30.	

	공 부 (의뢰)		사 정		감 정 평 가 액	
감정평가내용	종별	면적(㎡) 또는 수량	종별	면적(㎡) 또는 수량	단 가	금 액
	대	150	대	150	3,000,000	450,000,000
	건물	140	건물	140	2,000,000	280,000,000
	제시외 건 물	-	제시외 건 물	20	-	15,000,000
	합 계					₩ 745,000,000

(공장)감정평가표

본 감정평가서는 감정평가에 관한 법규를 준수하고 감정평가이론에 따라 성실하고 공정하게 작성하였기에 서명날인합니다.

감정평가사   성 춘 향 (인)

감정평가액	金일십억팔천만원정(₩1,080,000,000.-)					
평 가 의 뢰 인	서울남부지방법원 사법보좌관 홍길동		감정평가목적		법원경매	
채 무 자	나 채 무		제출처		서울동부지방법원 경매3계	
소유자 또는 대상업체명	나 채 무 (2020타경1234)		평 가 조 건		-	
물건목록 표시근거	귀 제시목록		가격시점	조사기간	작성일자	
			2020.05.29.	2020.05.29.	2020.05.30.	
감정평가내용	공 부 (의뢰)		사 정		감 정 평 가 액	
	종별	면적(㎡) 또는 수량	종별	면적(㎡) 또는 수량	단 가	금 액
	토지	150	대	150	3,000,000	450,000,000
	건물	140	건물	140	2,000,000	280,000,000
	기계기구	12식	기계기구	12식	-	350,000,000
	합계					₩1,080,000,000

15

환매등기

자! 이제 환매등기에 대하여 알아보겠습니다.

환매등기요?

환매등기란 매도인이 매매를 할 때 매수인에게 소유권이전등기를 해줌과 동시에 양도한 재산을 일정한 요건 하에 다시 되살 수 있는 권리를 등기부에 공시하는 등기입니다.

헐~ 말씀이 복잡한 거 같은데요~~

【갑 구】		(소유권에 관한 사항)		
순위번호	등기목적	접수	등기원인	권리자 및 기타사항
2	소유권이전	2006년 7월 6일 제65673호	2006년 7월5일 매매	소유자 정**(890616-1234567) 서울시 마포구 염리동 81-*
3	소유권이전	2011년 6월 21일 제68083호	2011년 6월 21일 환매특약부 매매	소유자 김**(860804-2345678) 서울시 마포구 염리동 234
3-1	환매특약	2011년 6월 21일 제68083호	2011년 6월 21일 특약	환매대금 금456,000,000원 계약비용 금30,000원 환매기간 2014년 4월 30일까지 환매권자 정**(890616-1234567) 서울시 마포구 염리동 81-*

재 위이 등기에서 보면 2번 소유권자는 3번 소유권자에게 매매를 하면서 3-1번과 같이 등기를 했습니다.

아하! 이렇게 하는 것이군요?

민법에 의하면 환매기간은 부동산은 5년, 동산은 3년을 넘지 못합니다.

앗! 왜요?

16

잉여가망 없는 경매

17

혼동과 소멸

자! 이제 혼동과 소멸에 대하여 알아보겠습니다.  혼동과 소멸이요?	이 내용은 경매에서 중요한 내용입니다.  그래요?
또한 혼동과 소멸을 알기 위해서는 부동산 등기에 대한 이해가 있어야 합니다.  헐~ 전 "만화로 배우는 부동산등기" 봤습니다.	그렇다면 이해하는데 문제가 없습니다.  ㅋㅋ 알겠습니다.

자! 혼동에 대하여 민법 제191조와 507조에는 이렇게 나와 있습니다.

> **제191조 (혼동으로 인한 물권의 소멸)** 동일한 물건에 대한 소유권과 다른 물권이 동일한 사람에게 귀속한 때에는 다른 물권은 소멸한다. 그러나 그 물권이 제삼자의 권리의 목적이 된 때에는 소멸하지 아니한다.
>
> **제507조 (혼동의 요건, 효과)** 채권과 채무가 동일한 주체에 귀속한 때에는 채권은 소멸한다. 그러나 그 채권이 제삼자의 권리의 목적인 때에는 그러하지 아니한다.

헐~ 도대체 무슨 뜻인지…

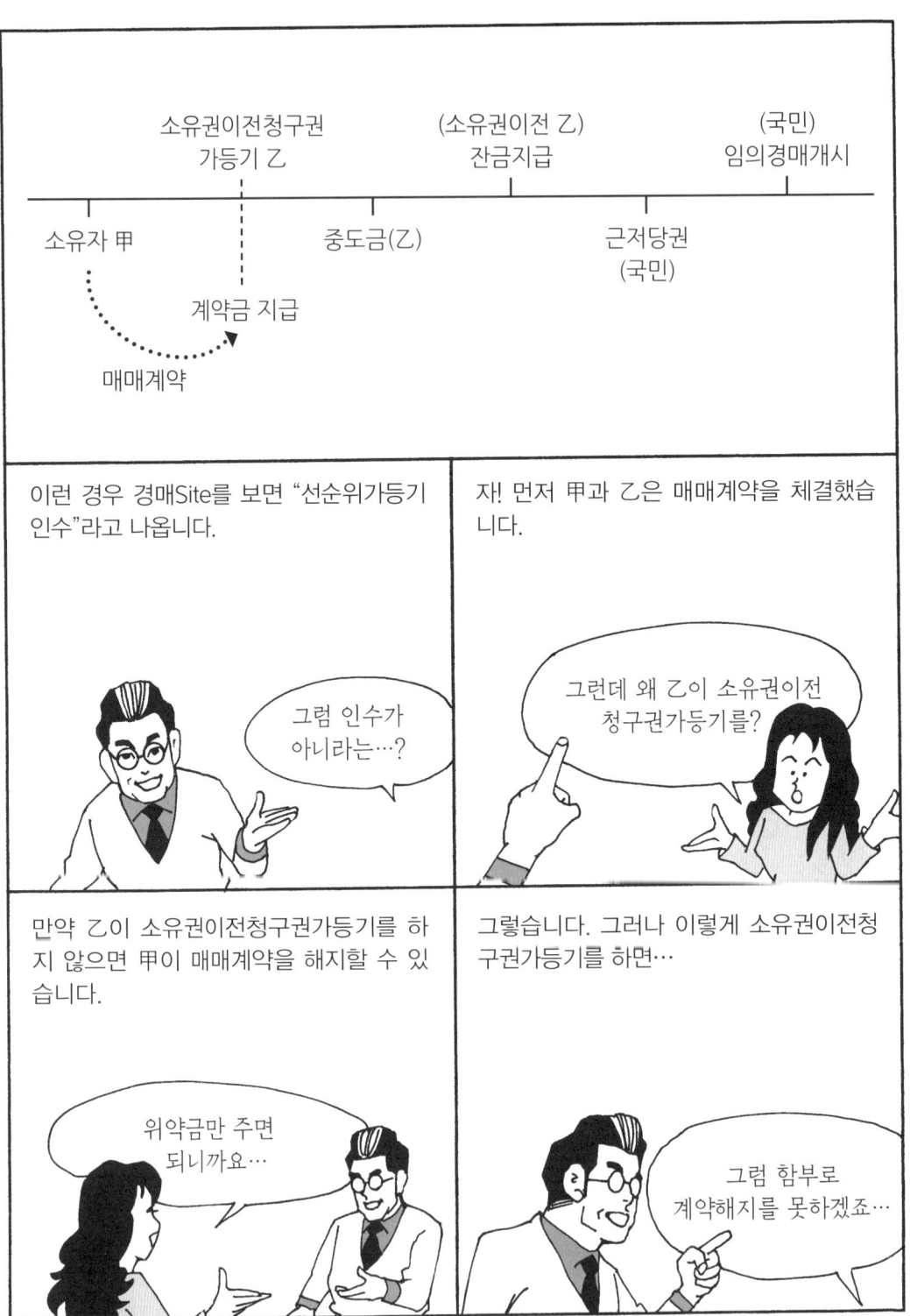

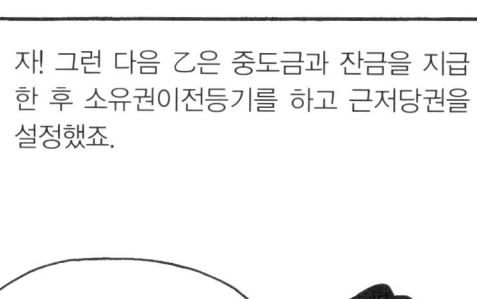

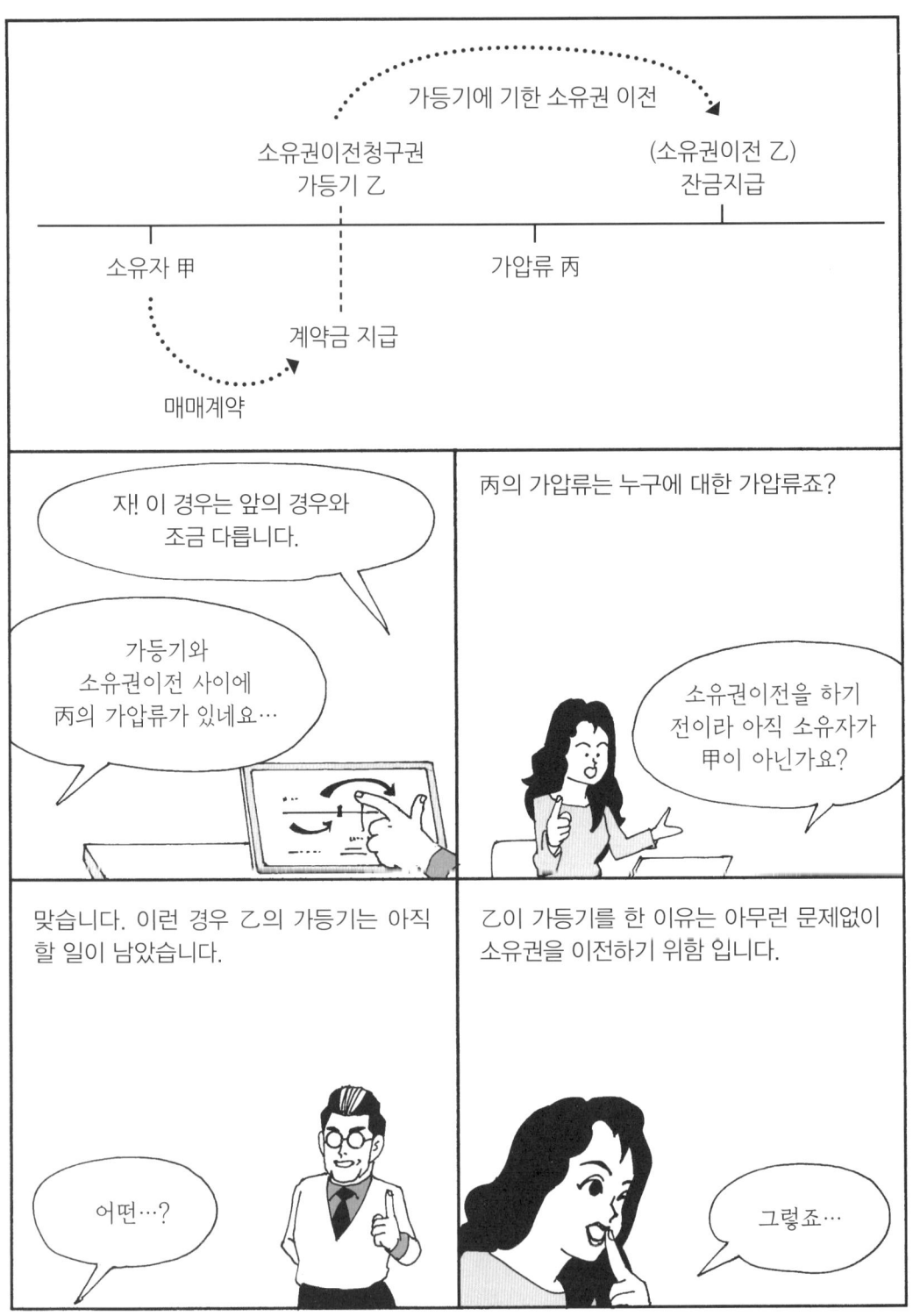

【 갑　　구 】	(소유권에 관한 사항)			
순위번호	등기목적	접　수	등 기 원 인	권리자 및 기타사항
1 (전3)	소유권이전청구권가등기	2012년3월9일 제29218호	2012년3월7일 매매	가등기권자 류*이 690803-******* 　경기도 고양시 일산동구 고봉로 531번길 67-1(성석동)
	소유권이전	2012년4월7일 제53882호	2012년3월7일 매매	소유자 류*이 690803-******* 　경기도 고양시 일산동구 고봉로 531번길 67-1(성석동) 거래가액 금150,500,000원

자! 이런 경우 가등기권자 류*이씨는 가등기에 의해서 본등기를 했으므로 소유권이전청구권가등기는 혼동으로 소멸이 됩니다.

아하! 이렇게 되는군요…

18

인수권리가 많은 물건

MEMO

19

특수물건의 경매참여

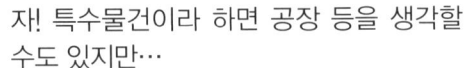

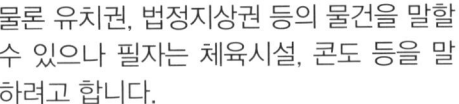

체육시설의 설치·이용에 관한 법률 제27조

다음 각 호의 어느 하나에 해당하는 절차에 따라 문화체육관광부령으로 정하는 체육시설의 시설 기준에 따른 필수시설을 인수한 자에게는 체육시설업자가 사망하거나 그 영업을 양도한 때 또는 법인인 체육시설업자가 합병한 때에는 그 상속인, 영업을 양수한 자 또는 합병 후 존속하는 법인이나 합병(合倂)에 따라 설립되는 법인은 그 체육시설업의 등록 또는 신고에 따른 권리·의무를 승계한다.
1. 민사집행법에 따른 경매
2. 채무자 회생 및 파산에 관한 법률에 의한 환가
3. 국세징수법·관세법 또는 지방세징수법에 따른 압류 재산의 매각

관광진흥법 제8조

①관광사업을 양수(讓受)한 자 또는 관광사업을 경영하는 법인이 합병한 때에는 합병 후 존속하거나 설립되는 법인은 그 관광사업의 등록 등 또는 신고에 따른 관광사업자의 권리·의무를 승계한다.

②다음 각 호의 어느 하나에 해당하는 절차에 따라 문화체육관광부령으로 정하는 주요한 관광사업 시설의 전부를 인수한 자는 그 관광사업자의 지위를 승계한다.

1. 민사집행법에 따른 경매
2. 채무자 회생 및 파산에 관한 법률에 따른 환가(換價)
3. 국세징수법, 관세법 또는 지방세징수법에 따른 압류 재산의 매각

자! 이 두 개의 법률을 보면 경매물건 중에서 조심해야 할 것이 있습니다.

어떤 경매물건을…?

골프장이나 콘도 등과 같이 회원권이 있는 물건을 받을 때는 주의해야 합니다.

관련 법률에 의하면 경락자가 회원권 등을 인수해야 하니까요.

왜요?

헐~ 그래요?

골프장 경매

최초법사가격	250억원
금차법사가격	175억원
회원권(1,200명)	180억원

자! 이런 경우 금차법사가격으로 낙찰을 받는다고 해도 경락자는 회원권을 인수해야 하니까…

헐~ 그럼 355억원에 낙찰받은 거와 같군요?

그렇습니다. 골프장 뿐만 아니라 콘도, 수영장 등 이에 해당되는 시설들이 많습니다.

정말 그렇네요…

그러므로 이런 시설이 여러 차례 유찰이 되었다고 해도 인수해야 할 회원권을 반드시 확인해야 합니다.

근데 어떻게 확인해야 하나요?

법원경매정보의 매각물건명세서 내용을 잘 확인해야 합니다.

알겠습니다.

20

유치권

그렇다면 카센터 주인이 마음대로 자동차를 이용할 수 있을까요?	맞습니다. 카센터 주인은 수리비를 받을 때까지 보관, 관리만 해야지 자동차를 이용하면 안되죠.
 자동차 주인이 있는데 안되죠~~	 그렇군요…
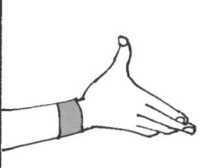 이런 내용만 알고 넘어가죠.  교수님! 유치권은 주로 건축과 관련되던데…	그렇습니다. 유치권은 주로 건축과 관련되는데 유치권의 성립요건만 알고 가기로 하죠.  알겠습니다. 나머지는 유치권책자로 볼께요…

유치권의 성립요건

1. 채권이 유치권의 목적물에 대하여 생긴 것일 것.
2. 채권의 변제기가 도래했을 것.
3. 타인의 목적물을 점유하고 있을 것.
4. 유치권 발생 배제 특약이 없을 것.

MEMO

21

가등기

그렇죠. 그러나 가등기에는 두가지가 있습니다.

> Ⅰ. 소유권이전청구권가등기
> Ⅱ. 담보가등기

그래요?

매매예약에 의한 소유권이전청구권가등기는 소유권취득을 목적으로 하죠.

그럼 담보가등기는…?

담보가등기는 근저당권과 같이 채권담보를 목적으로 하죠.

그럼 어떻게 구별할 수 있죠?

보통 등기부에는 매매예약에 의한 소유권이전청구권가등기나 담보가등기가 모두 소유권이전청구권가등기로 나타납니다.

그럼 어떻게…?

가등기가 있는 경우 집행법원에서는 가등기권자에게 통지를 합니다.

어떤 통지를…?

가등기가 담보가등기인지, 매매예약을 위한 소유권이전청구권인지 말이죠.

아하! 그럼 법원경매정보를 보면 되겠군요?

22

가처분

가압류·가처분의 소멸시효 완성기간	
가압류·가처분 등기	경과기간
2002.06.30.까지 등기된 보전처분	10년
2002.07.01.~2005.07.27.까지 등기된 보전처분	5년
2005.07.28.부터 등기된 보전처분	3년

자! 가압류나 가처분도 소멸시효가 완성되었다고 해도 당연히 취소되는 것은 아닙니다.

그럼 가등기와 같이 소송을 통해야…?

그렇습니다. 취소청구의 소를 제기하면 취소요건은 완성이 됩니다.

알겠습니다.

23

가압류

1차 안분배당

$A = \dfrac{2}{(2+1+3+4)} \times 4억 = 8천만원$

$B = \dfrac{1}{(2+1+3+4)} \times 4억 = 4천만원$

$C = \dfrac{3}{(2+1+3+4)} \times 4억 = 1억2천만원$

$D = \dfrac{4}{(2+1+3+4)} \times 4억 = 1억6천만원$

→ A, B는 배당확정

2차 흡수배당

$C = \dfrac{3}{(2+1+3+4)} \times 4억 = 1억2천만원$

$D = \dfrac{4}{(2+1+3+4)} \times 4억 = 1억6천만원$

근저당권 C가 전액배당받을 때까지 D에서 흡수배당.
∴ C는 2억8천만원, D는 0원을 배당받음.

자! 보시는 바와 같이 가압류가 1순위에 있으면 일단 안분배당을 하고…

근저당권은 후순위가 배당받은 금액을 흡수한다는 거죠?

그렇습니다. 그런데 전소유자의 가압류는 이와는 조금 다릅니다.

어떻게요?

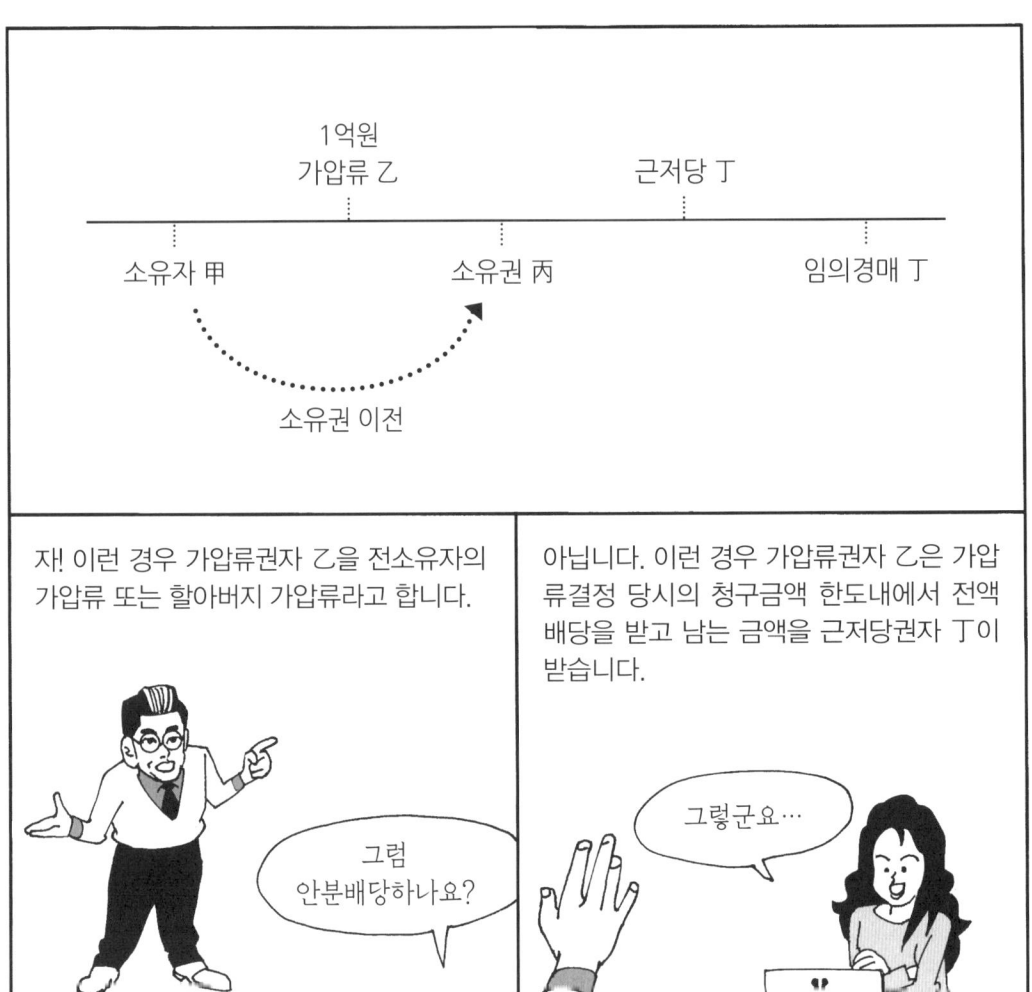

24

완공되지 않은 건물의 경매

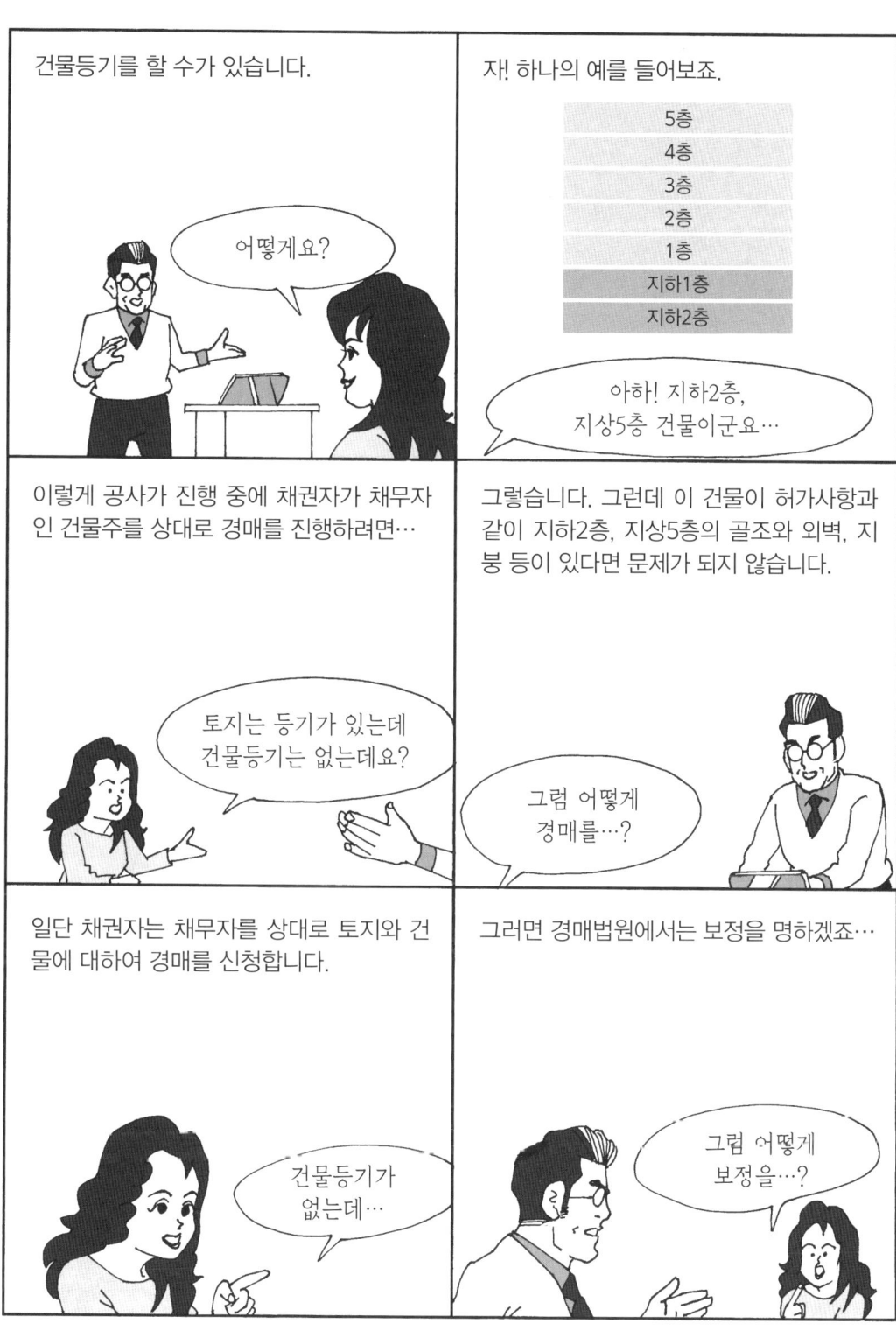

민사집행법 제81조(첨부서류)

채무자의 소유로 등기되지 아니한 부동산에 대하여는 즉시 채무자명의로 등기할 수 있다는 것을 증명할 서류. 다만, 그 부동산이 등기되지 아니한 건물인 경우에는 그 건물이 채무자의 소유임을 증명할 서류, 그 건물의 지번·구조·면적을 증명할 서류 및 그 건물에 관한 건축허가 또는 건축신고를 증명할 서류

자! 이와 같이 서류를 제출하면 경매법원에서는 등기소에 등기촉탁을 합니다.

그럼 건물등기가 되는군요?

표시번호	접 수	소재지번, 건물명칭 및 번호	건 물 내 역	등기원인 및 기타사항
1		~~경기도 고양시 일산동구 설문동 32-14, 32-19 -제1동~~	~~철근콘크리트구조 (철근)콘크리트(평지붕) 4층 공동주택 1층 123.04㎡ 2층 123.04㎡ 3층 123.04㎡ 4층 123.04㎡ 옥탑 12.88㎡(연면적제외)~~	~~2018년5월21일 등기~~
2				건축법상 사용승인 받지 않은 건물임
3	2019년5월20일	경기도 고양시 일산동구 설문동 32-14, 32-19 1동 [도로명주소] 경기도 고양시 일산동구 무원길170번길 103-9	철근콘크리트구조 평지붕 지상 4층 공동주택 1층 120.06㎡ 2층 120.06㎡ 3층 120.06㎡ 4층 120.06㎡ 옥탑1층 12.88㎡	착오발견
4	2020년1월15일			2019년5월8일 사용승인으로 인하여 2번등기 말소

자! 이와 같이 등기를 하면 "건축법상 사용승인 받지 않은 건물임"과 같이 표기가 되고 정당하게 사용승인을 받으면…

이런 문구가 말소되는군요…?

25

부동산의 공적장부가 일치하지 않을 때의 효력

26

2025, 2030이 무엇을 뜻하는지?

자! 이제 여러분이 생각하기에 "경매와 관련된 분야도 아닌데 왜 이것을 알아야 하는가?" 하는 분야를 보겠습니다. 어떤 것을…?	2025, 2030 이런 용어를 들어본 적 있나요? 2025년, 2030년 같은 말씀인데…. 
년도인 것은 맞습니다. 그러나 앞뒤에 다른 문구가 있습니다. 빨리 말씀해 주세요… 	"의정부시 2030년 도시기본계획"! 이게 뭔가요? 
말 그대로 의정부시를 2030년에는 어떻게 발전시켜 나갈 것인가 하는 구조적 틀을 제시하는 종합계획입니다. 헐~ 그래요? 이게 왜 중요하죠?. 	도·시군기본계획은 5년마다 수립하는데 10만명 이하인 시군은 계획을 수립하지 않을 수도 있습니다. 교수님! 근데 왜 알아야 하는지… 

27

공유지분경매

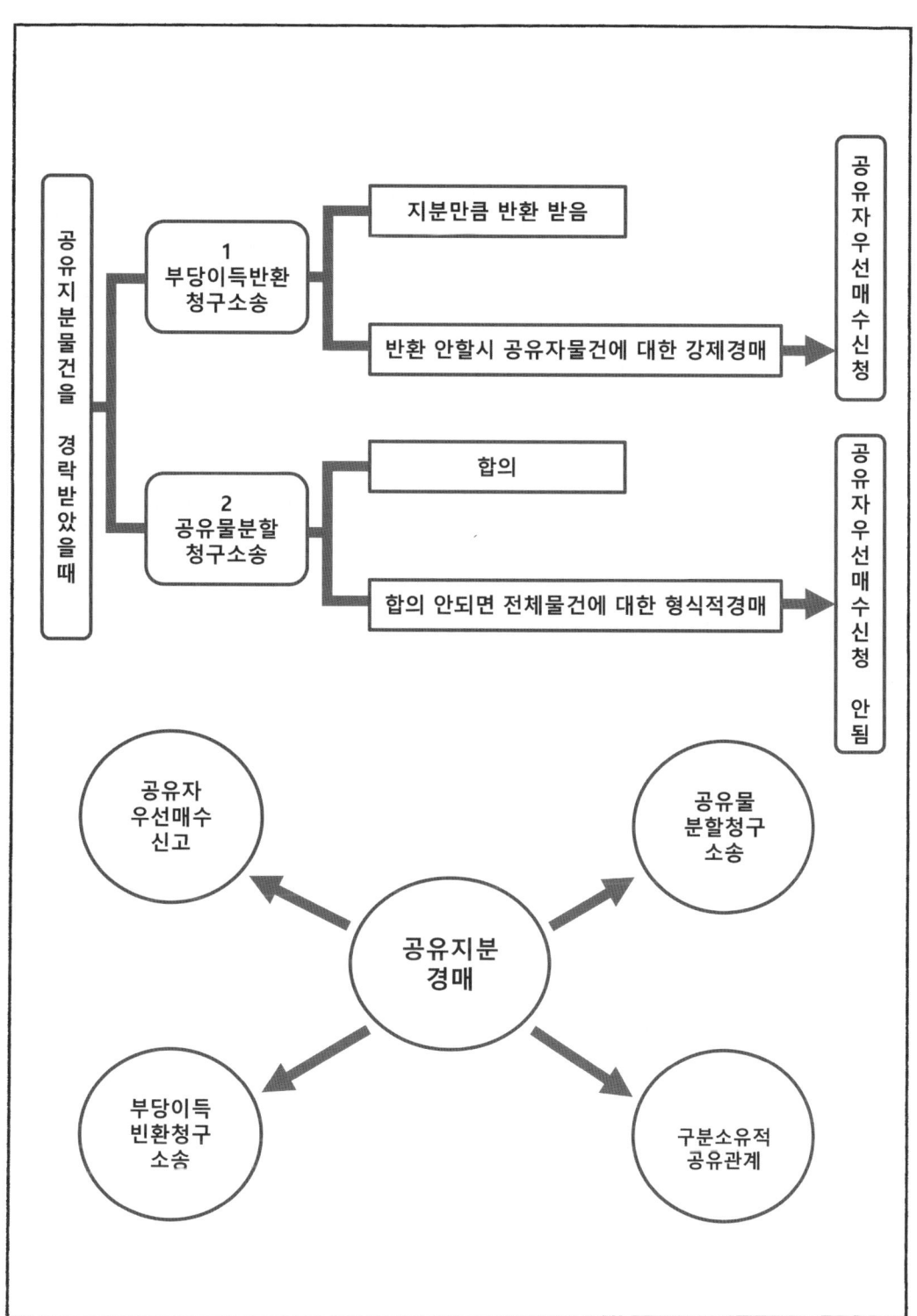

28

대지권미등기와 토지별도등기

대지권미등기와 토지별도등기란 말은 한번쯤 들어봤을 겁니다. 예. 들어는 봤는데 이해는…	자! 대지권미등기란 대지권이 처음부터 없는 경우와는 다릅니다. **대지권미등기** 어떤 부분이…?
대지의 분·합필 및 환지절차의 지연, 각 세대당 지분 비율의 미결정 등에 따라 모든 입주자의 대지권등기가 유예되는 경우와… 다른 경우는…?	이미 대지권등기절차가 끝났으나 채무자가 고의로 등기를 하지 않는 경우에 나타납니다. 그렇군요.
이와 달리 토지별도등기란 토지에 건물과는 다른 등기가 있다는 뜻이죠. **토지별도등기** 그렇게만 말씀하시면…	대지 전부에 근저당이나 가압류가 설정된 상태에서 아파트 등의 건축을 신축하고 준공된 경우에 발생하죠. 그렇군요…

그렇습니다. 그러므로 경락자는 반드시 법원경매정보 뿐만 아니라 등기부도 반드시 확인해야 합니다. 그럼 이런 경우 경락자는 어떻게…?	경매법원에 낙찰대금 감액신청을 하거나, 대지분양대금을 납부하고 대지권을 가져와야 합니다. 헐~ 이런 물건은 조심해야 겠군요.
다음으로 대지지분 미감정, 대지분양대금은 납부한 경우입니다. **3. 대지지분 미감정, 대지분양대금 납부** 이런 경우는 대박아닌가요?	그렇습니다. 이런 경우 대법원 판례를 참고하시면 됩니다. **대법원 2001.9.4.선고 2001다22604판결** 알겠습니다.
자! 다음으로 대지지분 미감정, 대지분양대금 미납부 경우입니다. **4. 대지지분 미감정, 대지분양대금 미납부** 이건 대지분양대금을 추가 부담해야…?	그렇습니다. 이런 물건은 미리 대지분양대금을 추가부담해야 한다는 것을 생각해야 합니다. 알겠습니다.

대지권미등기와 토지별도등기

대지권미등기	①대지의 분·합필, 환지절차지연, 세대당 지분 비율의 미결정 ②채무자가 고의로 등기를 하지 않는 경우
토지별도등기	대지에 근저당 또는 가압류 등기가 되어있는 경우

응찰 시 주의사항	대지권미등기	수분양자가 대지분양대금을 완납했느냐가 중요
	토지별도등기	원칙적으로 소멸시키지만 경우에 따라서는 매수인이 인수 (법원의 매각물건명세서 확인 : 특별매각조건)

대지권미등기와 관련된 사례	
대지지분 감정, 대지분양대금 납부	문제 없음, 법무사비용만 추가 부담
대지비분 감정, 대지분양대금 미납	대지분양대금 추가부담(낙찰대금 감액신청), 동시이행항변권
대지지분 미감정, 대지분양대금 납부	대박! (대법원 2001.9.4.선고 2001다22604판결)
대지지분 미감정, 대지분양대금 미납	대지분양대금 추가부담
대지권 없음	대지지분을 시가로 매입 또는 집합건물을 시가로 매도

29

NPL로 매입하여 경매 참여

30

법정지상권

31

배당절차

자! 배당절차는 너무나도 많은 사례가 있는데 그 중에서도 대표적인 사례만 보기로 하겠습니다.	여러 사례를 들어 설명할 테니까 여러분이 잘 응용하시길 바랍니다.
알겠습니다.	헐~~ 알겠습니다.

물권상호간에는 설정일 순서에 따른다.

근저당(乙) 6,000만원
2018.09.10.

2017.05.03.
근저당(甲) 5,000만원

2020.10.05.
근저당(丙) 7,000만원

이때 배당할 금액은?

1억 5천만원

자! 이런 경우 배당은 간단합니다. **배당금액** 甲 5,000만원 乙 6,000만원 丙 4,000만원 예. 그건 저도 알고 있습니다.	이번에는 채권의 배당방법에 대하여 알아보죠. 채권은 그 성립시기를 따지시 않고 평등하게 배당 받는다는데…

채권상호간에는 채권자 평등의 원칙이 적용된다.

가압류(乙) 6,000만원
2018.09.10.

2017.05.03.
가압류(甲) 4,000만원

2020.10.05.
가압류(丙) 5,000만원

이때 배당할 금액은?
1억 2천만원

자! 이런 경우 안분배당을 받게 됩니다.

안분배당 = (해당채권액/각채권의 합계액) × 배당액

그러므로 배당금액은…

甲 : 【4천만원/(4천만원+6천만원+5천만원)】
× 1억2천만원 = 3,200만원

乙 : 【6천만원/(4천만원+6천만원+5천만원)】
× 1억2천만원 = 4,800만원

丙 : 【5천만원/(4천만원+6천만원+5천만원)】
× 1억2천만원 ≒ 4,000만원

아하! 이렇게 배당하는군요…

알겠습니다.

자! 그런데 물권과 채권이 경합시는 문제가 됩니다.

어떤 문제가…?

물권이 최선순위면 물권이 우선하지만, 채권이 최선순위면 배당에 있어서 소심해야 합니다.

그것도 사례를 들어주시면…

안분배당 후 흡수배당 사례

가압류 A	3천만원 가압류 B	근저당 C	7천만원 가압류 D	가압류 E
5천만원		2억원		9천만원

이때 배당할 금액은?
2억 2천만원

안분배당(1차)

A : 【5천만/(5천만+3천만+2억원+7천만+9천만)】× 2억2천만 = 2,500만

B : 【3천만/(5천만+3천만+2억원+7천만+9천만)】× 2억2천만 = 1,500만

C : 【2억원/(5천만+3천만+2억원+7천만+9천만)】× 2억2천만 = 10,000만

D : 【7천만/(5천만+3천만+2억원+7천만+9천만)】× 2억2천만 = 3,500만

E : 【9천만/(5천만+3천만+2억원+7천만+9천만)】× 2억2천만 = 4,500만

자! 이렇게 안분배당을 하면 A와 B의 배당 금액은 확정이 됩니다.

배당금(1차 확정)

A : 2,500만원
B : 1,500만원

근데 C는 물권이라 채권인 D, E보다 우선…

맞습니다. 그래서 이제는 채권인 C가 만족할 때까지 D, E에서 흡수를 해야 합니다.

아하! 그래서 흡수배당이군요…

C는 채권액이 2억원이므로 D, E의 1차 배당금을 흡수합니다.

그럼 D, E는 배당이 한푼도 없네요.

그렇습니다. 그러므로 배당액은 결과적으로 이렇게 됩니다.

배당금(2차 확정)

A : 2,500만원
B : 1,500만원
C : 18,000만원

알겠습니다.

자! 이제 마지막으로 한 가지만 더 보고 가기로 하죠.

알겠습니다.

기억하실 것은 복잡한 배당사례도 안분과 흡수배당을 이해하고 있으면 됩니다.

알겠습니다.

안분배당 후 흡수배당 그리고 안분배당…

1억 5천만원
근저당B

4천만원
근저당D

가압류 A
5천만원

가압류 C
6천만원

가압류 E
9천만원

이때 배당할 금액은?
2억 4천만원

안분배당(1차)

A : 【5천만/(5천만+1억5천만+6천만+4천만)】 × 2억4천만 = 4,000만

B : 【1억5천만/(5천만+1억5천만+6천만+4천만)】 × 2억4천만 = 1억2천만

C : 【6천만/(5천만+1억5천만+6천만+4천만)】 × 2억4천만 = 4,800만

D : 【4천만/(5천만+1억5천만+6천만+4천만)】 × 2억4천만 = 3,200만

자! 이렇게 1차 안분배당을 하면 A의 배당금은 확정이 됩니다.

배당금(1차 확정)

A : 4,000만원

그럼 이제 B가 흡수배당 차례네요?

그렇습니다. 근저당권자인 B는 자기 채권을 충당할 때까지 3천만원을 C, D로부터 흡수합니다.

배당금(2차 확정)

A : 4,000만원
B : 15,000만원

그럼 다음 순서는…?

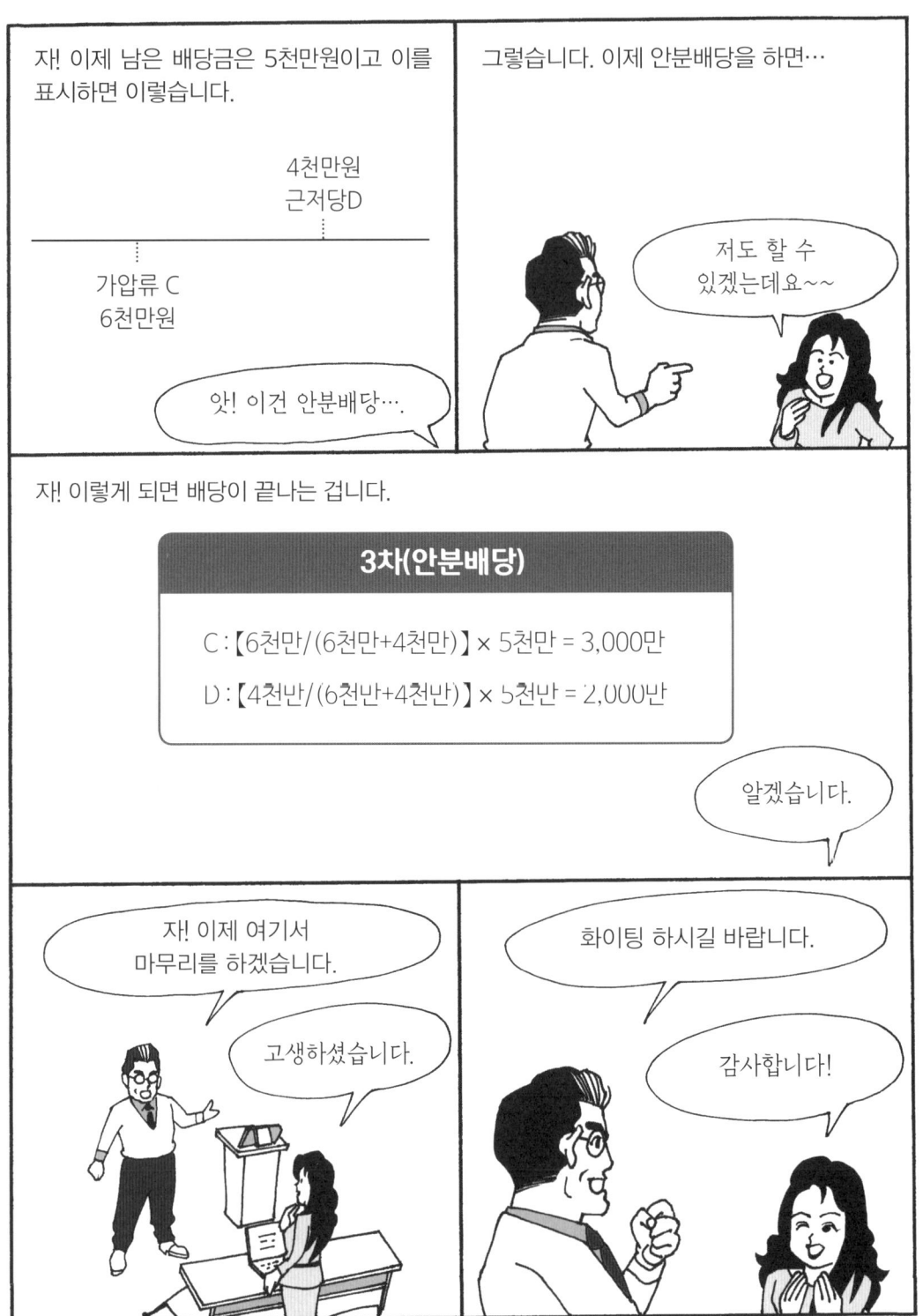